Text
Christine Paxmann, geboren 1961 in München, fand nach einem Germanistik- und Grafik-Studium und einem kurzen Ausflug in die Werbung bald ihre eigentliche Berufung: Bücher. Bücher ausdenken, Bücher gestalten, Bücher schreiben. Das macht sie seit nunmehr 25 Jahren und lebt dabei glücklich mit Sohn, Hund, Maus und Hase in München.

Illustration und Reihengestaltung
Stefanie Roth, geb. 1969, studierte Kommunikationsdesign in Berlin und Prag. Seit 1997 ist sie als freie Grafik-Designerin, Buchgestalterin und -illustratorin tätig. Die von ihr gestalteten Bücher wurden mehrfach von der Stiftung Buchkunst ausgezeichnet. Stefanie Roth, die außerdem den Fachbereich Grafik Design in der Design Schule Schwerin leitet, lebt mit ihrer Familie in Berlin.

Christine Paxmann

Wer war Odysseus?

Verlagshaus Jacoby Stuart

Inhalt

Die Welt des Odysseus
1) Troja, 2) Delphi, 3) Theben, 4) Athen, 5) Mykene, 6) Argos, 7) Pylos, 8) Sparta
a) Olymp, b) Berg Ida

Held und Abenteurer

Der unerschrockene Odysseus

Odysseus – auch nach 2800 Jahren hat der Klang dieses Namens nicht an Faszination verloren. Odysseus' Irrfahrten, der Trojanische Krieg, die vielen Legenden, die sich um ihn ranken, von all dem ist in Nacherzählungen und Sagensammlungen zu lesen.
Odysseus gilt als Inbegriff eines Helden, Draufgängers, Abenteurers, auch Lügners. Vielleicht ist es das Geheimnis dieses nie veraltenden Stoffs, dass die geschilderten Personen, seien sie sterblich oder ewig Lebende, bestimmte menschliche Eigenschaften in besonders ausgeprägter Form verkörpern. Und wenn sie aufeinandertreffen, geschehen erstaunliche Dinge.
Womöglich war einer der größten und frühesten Seelenkenner der listenreiche, gewitzte, aber auch nachdenkliche Odysseus. Sein Leben wird uns in diesem Buch erzählt aus der Sicht seines Sohnes Telemachos, der wie seine Mutter Penelope vielleicht als einer der Ersten die Bewunderung der reinen Liebe auszudrücken vermochte.
Und nun: gute Reise – 5000 Jahre zurück in die Vergangenheit.

Ich will Salz säen ...
Der Mann mit dem Pflug

Nun, da ich dies hier aufschreibe, bin ich bereits ein alter Mann. Die Ereignisse liegen lange zurück – nach Rechnung in Menschenzeit. Für die Götter, die meinem Vater so viele Prüfungen aufgebürdet, aber ihn auch Heldentaten haben vollbringen lassen, ist dies alles nur einen Wimpernschlag her.
Ich bin Telemachos, Sohn des großen Helden, des lügnerischen, listenreichen, irrenden, geprüften, klugen und sagenhaften Odysseus und seiner Frau Penelope. Beide wurden unsterblich, jeder auf seine Weise.

Die früheste Erinnerung an meinen Vater ist nebelhaft. Und manchmal frage ich mich, wie es überhaupt möglich ist, dass ich mich erinnere, da ich noch sehr klein war, als das alles passierte. Oder wurde mir die Geschichte von meiner Amme und meiner Mutter so oft erzählt, dass sie mir wie selbst erlebt erscheint?
Es war im Spätsommer. Hitze lag über dem steinigen Strand von Ithaka, meiner Heimat. Vater verhielt sich seit Tagen merkwürdig, er lief unruhig umher und verbarg sich in dunklen Räumen. Das war ungewöhnlich. Mein Vater war Odysseus, der König von Ithaka, einer kleinen Insel im Mittelmeer. Ein bescheidenes Königreich mit einem mächtigen König und einer klugen Königin, Penelope, meiner Mutter.
Vaters Verhalten an den Tagen meiner frühsten Erinnerung passte nicht zu ihm. Vielleicht war es wegen der Sonne, die auf das waldige Land brannte. Träge schlichen die Dienerinnen durch die Gebäude,

und meine Amme gab mir immer wieder ein kleines Stückchen Zitrone zwischen die Lippen und befeuchtete meinen Körper mit einem Schwamm, den mein Vater aus dem Meer getaucht hatte.
Eine der Nachrichten, die den Palast wie durch einen dicken, faltigen Vorhang erreichten, war die von der Ankunft griechischer Schiffe. Mit ihm kamen Männer, die angeblich meinen Vater noch aus der Zeit kannten, als er um Penelope geworben hatte.
Die Nachricht ließ meinen Vater nicht länger ruhig und überlegen sein, wie alle ihn kannten. Ich spürte die Unruhe, die alle im Palast ergriff, fühlte die Nervosität meiner Amme Eurykleia, wenn sie meine Windel zurechtrückte, ein kratziges Stück Stoff, das mich zum Brüllen brachte. Je mehr ich brüllte in diesen Tagen, desto nervöser wurde Eurykleia, die schon meinem Vater eine gute Amme gewesen war und ihn wie ihren eigenen Sohn aufgezogen hatte. Man versuchte, mich mit honiggetränkten Oblaten zu beruhigen. Ich hörte erst auf zu schreien, als mein Vater mir seinen kräftigen Zeigefinger auf die Lippen legte und mir einen Kuss auf die Stirn gab. Dann verschwand er aus der großen Vorhalle unseres Palastes und ließ uns in Unruhe zurück.
Boten trafen ein und kündigten die Ankunft zweier Männer an: Agamemnon und Palamedes. Sie kamen von den beiden griechischen Schiffen, die gerade vor Anker gegangen waren. Meine Mutter bat sie in die Halle, wo ein Großteil des Hofstaats sich versammelt hatte. Sie sprach mit ihnen und konnte ihnen nur erklären, was offensichtlich war. Mein Vater war nicht hier. Aber sie sagte auch, dass niemand wüsste, ob er sich überhaupt noch auf der Insel befand.
„Es tut mir leid, meine Herren, dass Ihr die weite Reise umsonst angetreten habt, aber Odysseus verrät selten seine Pläne. Er muss immer wieder für eine Weile fort, um zurückzukommen, wenn man ihn nicht erwartet!“ Mit diesen Worten versuchte meine Mutter, die Ankömmlinge abzufertigen.

Der eine, Palamedes, trat ganz nah an Eurykleia heran, die mich im Arm trug. Er klapperte mit ein paar Würfeln, die er lose in der Hand hielt. Ganz nah vor meinem Gesicht warf er sie in die Höhe, ich konnte seinen vom Wein schweren Atem spüren, und Eurykleia wich unwillkürlich zurück, als seine Hand und die Würfel immer näher kamen. Ich konnte die Würfel schon fast greifen, da packte Palamedes meine kleine Faust und hielt sie so fest umschlossen, dass ich anfing zu weinen. Penelope war sofort an unserer Seite und funkelte Palamedes wütend an. Meine Mutter war eine ernste Schöne, und ein Blick von ihr konnte Berge versetzen. Scheinbar auch Blicke abwenden, denn Palamedes ließ meine Hand los, auf der bereits rote Abdrücke zu sehen waren.

Der andere, Agamemnon, zog ihn zurück und murmelte: „Lass gut sein, Palamedes, hier finden wir ihn nicht. Lass uns die Insel absuchen. Der listige Kerl weiß genau, warum wir hier sind, und wird sich in irgendeiner Höhle versteckt haben. Wir werden unsere Soldaten ausschicken, um ihn zu suchen!"

Aber er hatte nicht mit dem starken Willen meiner Mutter gerechnet. Sie berief sich auf ihr Landrecht* auf Ithaka, denn ein solches Durchsuchen der Insel wäre einem Überfall gleichgekommen. Auch wenn sie sonst hinter Odysseus zurückstand, nie öffentlich auftrat, hatte sie doch dieselbe Kraft wie er, wenn es darauf ankam. Und es sollte viele Jahre darauf ankommen.

Agamemnon und Palamedes mussten Penelopes Anordnung murrend hinnehmen. Schließlich waren sie nicht in kriegerischer Absicht von Griechenland herübergekommen, sondern auf Geheiß des Menelaos, des Bruders Agamemnons. Damals habe ich natürlich nicht verstanden, warum er sie geschickt hatte, aber es ging um die Frau des Menelaos, Helena.

Die mit einem * bezeichneten Worte werden im Anhang „Wichtige Namen und Begriffe" (S. 117) erläutert

Odysseus mit seinem treuen Hund Argos. Nach einer antiken Statue

Meine Mutter, als sie gehört hatte, warum die Männer hier waren, raunte Eurykleia zu: „Meine Kusine Helena war schon immer für jeden Ärger gut. Kein Mann, der nicht vor ihr in die Knie ging. Sie und ihre Schwester Klytämnestra waren so schön wie furchtbar, und ich wundere mich nicht, dass nun wieder jede Menge Ärger auf uns zukommt wegen ihr!"

Agamemnon, der meine Mutter nicht aus den Augen ließ, hatte das Wort Klytämnestra aufgeschnappt, und sein zerfurchtes Gesicht bekam tiefe Schatten. Er war mit Klytämnestra, der Schwester Helenas, verheiratet.

„Selber schuld", zischte meine Mutter unter dem Tuch, das ihr ebenmäßiges Gesicht fast gänzlich verbarg, „Klytämnestra ist die Durchtriebenheit in Gestalt, und selbst der hartgesottene Agamemnon wird ihr nicht gewachsen sein. Kein Wunder, dass er jedem Auftrag seines Bruders folgt – jede Reise, die ihn von seiner Gattin entfernt, bedeutet für ihn ruhigere Zeiten, selbst wenn es in einen Krieg gehen sollte."

Die Stimmung war gespannt, die Luft roch nach modrigen Zedern und überreifen Feigen. Alle Personen schienen sich wie in

Zeitlupe zu bewegen. Die beiden Griechen konnten sich nicht zum Gehen entschließen – und die Sitte verbot es, sie hinauszuwerfen. Unser Hund Argos hatte die Ohren angelegt und drückte sich an die Beine meiner Mutter. Palamedes ergriff als Erster wieder das Wort.

„Penelope, ich verstehe, dass Ihr uns nicht verraten könnt, wo Odysseus ist", sagte er und klapperte dabei unaufhörlich mit den Würfeln in seiner Hand. „Ich will Euch glauben, aber ich muss darauf bestehen, alle Männer der Insel an die Küste zu beordern, dorthin, wo unsere Schiffe ankern. Sollte Odysseus nicht unter ihnen sein, ziehen wir unverrichteter Dinge ab."

Bei seinen letzten Worten hob er die Würfel noch einmal dicht vor meine Augen und strich mit dem Finger über mein Handgelenk, auf dem noch die roten Spuren zu sehen waren. „Sonst ..." Er lachte und zog Agamemnon zur Tür.

„Bis morgen Abend habt Ihr Zeit, Penelope. Nutzt sie. Es wäre doch schade um ihn ... wie heißt er noch?", fragte er und deutete auf mich.

„Telemachos!", stieß meine Mutter hervor.

„... schade um den kleinen Telemachos!" Palamedes verneigte sich leicht vor Penelope, als sei er ihr für die Antwort dankbar, und zwickte mich in die Wange, dass ich aufschrie und Eurykleia mich nur beruhigen konnte, indem sie mich stillte.

Sobald die beiden gegangen waren, verschwand Penelope in ihren Gemächern. Als sie wiederkam, ließ sie überall auf der Insel Boten ausschwärmen, um bis zum nächsten Abend alle Männer zusammenzurufen. Ich weiß bis heute nicht, ob sich mein Vater Odysseus damals in ihren Räumen versteckt hielt und ihr diesen Rat gab. Jedenfalls war sie sehr sicher in ihrem Handeln und beruhigte mich und Eurykleia.

Eine schlaflose Nacht und ein unendlich heißer Tag folgten, bis sich ein langer Tross, der sich aus allen Himmelsrichtungen sam-

melte, auf den Strand zu bewegte, an dem die beiden griechischen Schiffe lagen. Penelope hatte mich auf dem Arm, Eurykleia begleitete sie, die Dienerinnen folgten in gebührendem Abstand. Unser Hund Argos sprang um unsere Füße und entfernte sich nie weiter als zwei Schritte. Sein Fell war gesträubt, die Ohren lagen an, und er ließ ein leises Knurren hören. Niemand hatte ihn je so erlebt.
Am Strand hatten die Männer Ithakas bereits ein Halbrund gebildet. Ihnen gegenüber standen die Griechen, das Meer im Rücken. Die ithakischen Männer zwischen Jünglings- und Greisenalter schienen vollzählig; am Rand der Menge drängten sich die Krüppel, Blinden und Schwachsinnigen. Um sie herum führte ein zerlumpter Mann mit Hut einen Ochsen und ein Pferd – oder war es ein Esel? –, die einen Pflug durch den rauen Sand zogen. Die Schar knirschte im gelbbraunen Boden, Muscheln und kleine Stöckchen wirbelten hinter dem Pflug auf, der eine grobe Furche hinterließ. Niemand beachtete den Irren, der immer wieder murmelte: „Ich muss Salz säen, um Wellen zu ernten, ich muss Salz säen, um Wellen zu ernten!“
Die Griechen begannen, sich jeden einzelnen Mann genau anzusehen. Manchmal zogen sie einen aus den Reihen und zeigten ihn Palamedes, der aber winkte immer ab. Viele konnten den Strand wieder verlassen, langsam lichteten sich die Reihen, ohne dass die Griechen Odysseus entdeckt hätten. Der Mann mit dem Pflug zog seine Kreise immer weiter; schon war er am Ende der Bucht angekommen, lief aber immer wieder ein Stück seine Furche zurück und streute Sandkörner hinein. Meine Mutter konnte Argos kaum beruhigen, der dem Irren schwanzwedelnd folgen wollte. Mutter gab mich Eurykleia auf den Arm, und ich klammerte mich an ihren Hals.
Palamedes kochte vor Wut. Schweißtropfen liefen ihm in den Nacken, färbten sein Leinenhemd dunkel. Die Locken klebten ihm an der Stirn. Agamemnon war in ein düsteres Schweigen verfallen.

Der Mann mit dem Pflug am Strand von Ithaka

„Palamedes, der Kerl ist weg. Wissen die Götter, wo er sich verborgen hat. Wir verlieren hier nur Zeit!"
Agamemnon drängte zum Aufbruch, konnte er sich doch ausrechnen, dass nach einer Reihe solch schwüler Tage ein Sturm nicht weit war. Und den wollte er nicht auf hoher See, sondern im nächsten sicheren Hafen erleben.
Doch Palamedes schüttelte den Kopf. „Nun, Alter, was treibst du?" Er war zu dem Irren mit dem Pflug getreten.
„Ich muss Salz säen, um Wellen zu ernten", murmelte der Mann unablässig und griente mit schwarzen Zähnen in einem kalkweißen Gesicht Palamedes direkt ins Gesicht. Dann warf er sich auf den Boden und drückte die Nase in den Sand. Zuckte und spie. Schaum trat ihm vor den Mund.
Palamedes stieß ihn mit dem Fuß in die Seite, worauf sich der Irre wieder aufrichtete, die Zügel der Zugtiere ergriff und weiter sinnlos Furchen durch den Sand zog. Palamedes lachte plötzlich auf, setzte seinen flinken, sehnigen Leib in Bewegung und rannte direkt auf Penelope zu. Er stieß sie zur Seite und entriss mich Eurykleia.
Wie eine Weinpresse schraubten sich seine muskulösen Arme um mich. Meine Lippen bebten, ich bekam kaum noch Luft, lief

blau an, da warf mich Palamedes zwischen Ochs, Esel und den Pflug. Eine Lücke von höchstens einem Meter trennte mich von der Pflugschar – eine Distanz, die schnell zurückgelegt war. Mit einem fürchterlichen Schrei warf sich der Irre nach vorn, riss den Pflug in die Höhe und führte so die scharfe Schar millimeternah über meinen Kopf. Dann hob er mich hoch und drückte mich an sich. Seine Bartstoppeln zerkratzten mir das Gesicht, seine Tränen brannten in den Wunden. Er hielt mich ganz fest, küsste mich und trug mich zu meiner Mutter. Die Tränen hatten ihm den Kalk aus dem Gesicht gewaschen. Der Ruß, der ihm die Zähne geschwärzt hatte, rann ihm aus dem schmerzverzerrten Mund. Und er hatte sich aufgerichtet und den zerlumpten Hut aus dem Gesicht gezogen.

Jetzt konnten es alle sehen: Der Irre war mein Vater, der große, schlaue Odysseus, der so verrückt nicht war, seinen eigenen Sohn mit einem Pflug zu zerschneiden, und sich damit verraten hatte. Diesmal war Odysseus' List nicht aufgegangen, er hatte Palamedes nicht täuschen können.

Was das bedeutete, konnte niemand von uns wissen. Nur einer ahnte es: Odysseus sah Palamedes hasserfüllt an. Der Verlust, den wir an diesem Tag erlitten, war unermesslich. Mein Vater sollte meine Kindheit nie erleben, vor meiner Mutter lagen die härtesten Jahre ihres Lebens – zwanzig Jahre, die meinen Vater an die Grenzen der Welt brachten, zwanzig Jahre, die viele Gefährten und Feinde in den Tod rissen.

Odysseus musste Palamedes und Agamemnon folgen und wurde von Menelaos in den Krieg geschickt.

Der Wunderbogen

Odysseus erhält ein Geschenk

Nur ungern hat meine Mutter mir aus der Kindheit meines Vaters erzählt. Ich war bereits zehn Jahre alt und wollte endlich alles über ihn wissen, denn es war nun fast schon zehn Jahre her, dass er mit den Fremden fortgezogen war. Zehn lange Jahre ohne genaue Kunde von meinem Vater. Nur eines wussten wir: König Menelaos hatte Agamemnon und Palamedes ausgesandt, Verbündete zu holen, um gegen Troja zu ziehen. Aber warum meinen Vater?

Als vor wenigen Monden meine Großmutter Antikleia gestorben war, nahm sie ein großes Geheimnis mit ins Grab. War ihr Mann Laertes der Vater von Odysseus oder war es, wie das Gerücht es behauptete, der gewitzte Sisyphos?
Meinen Großvater konnte man darauf nicht ansprechen, schon gar nicht nach dem Tod seiner geliebten Frau, die vor Kummer um den verlorenen Sohn jeden Lebenswillen verloren hatte. Aus meiner Amme Eurykleia war ebenfalls kaum etwas herauszubekommen, obwohl sie von allen am Hofe meinen Vater am besten kannte. Ihn hatte sie ebenso großgezogen wie mich, sie kannte die dunkle Geschichte um seinen Vater. Doch ihr Gesicht war verschlossen, wenn ich sie wieder und wieder darauf ansprach.
Eines Tages, als meine Mutter mit einem frisch kardierten* Ballen Ziegenwolle in die Färberei gehen wollte, nahm ich ihr die unhandliche Last ab und lief hinter ihr her. Mutter schien gerührt, denn es erinnerte sie an die kleinen Gesten der Hilfsbereitschaft ihres Mannes Odysseus, auf den sie nun schon so viele Jahre war-

tete. Eine günstige Gelegenheit, sie anzusprechen, wie mir schien, und ich zog sie auf die kleine Bank neben der Türe, die zu den Färbebottichen führte. Fragte sie, wie schon so oft, nach der Kindheit meines Vaters.
Ganz langsam, stockend, begann sie, mir von Odysseus' Geburt zu erzählen, und hatte dabei den Arm um mich gelegt. Eigentlich war ich dafür schon viel zu groß, aber an einigen Stellen ihrer Rede war ich froh, sie so nahe bei mir zu wissen, denn sie offenbarte mir eine überraschende Familiengeschichte.

„Bevor dein Vater Odysseus König wurde, war Laertes, sein Vater, König von Ithaka. Doch schon vor Odysseus' Geburt zeichnete sich ab, dass aus dem einzigen Kind von Laertes und Antikleia etwas Besonderes werden sollte. Odysseus' Mutter, deine Großmutter Antikleia, war die Tochter des Autolykos. Dieser Autolykos hatte zwei hervorstechende Eigenschaften: Erstens war er der größte Lügner und zweitens der größte Dieb seiner Zeit. Er führte alle an der Nase herum, stahl, was nicht niet- und nagelfest war, und machte sich eine so große Menge Menschen (und Götter) zu Feinden, dass er als der meistgehasste Mann in die Geschichte einging. Doch konnte er nur bedingt etwas dafür, denn die Götter hatten, wie so oft, ihre Hände im Spiel – insbesondere einer, Autolykos' Vater, der Götterbote und Zeussohn Hermes. Jener gewitzte wie durchtriebene Hermes hatte sämtliches räuberisches Können seinem Sohn Autolykos vererbt. Und als Autolykos' Tochter Antikleia schließlich den König von Ithaka heiraten sollte, galt das als ungeheurer Aufstieg einer Räubertochter, auch wenn sie göttlichen Ursprungs war. Antikleia hat sich ein Leben lang dafür geschämt, zumal als man ihr unterstellte, dass nicht Laertes, ihr Mann, sondern Sisyphos der Vater von Odysseus sein sollte. Ein Racheakt an ihrem Vater Autolykos, der einst die Herden des Sisyphos gestohlen hatte. Doch niemals ist dieses Gerücht bestätigt worden.

Unbestritten ist aber, dass Odysseus ein Nachfahre des Zeus ist, die Schlauheit des Hermes in sich trägt und von seinem Großvater seinen verheißungsvollen Namen bekommen hat. Wenige Tage nach Odysseus' Geburt hielt sich Autolykos am Hof in Ithaka auf, zufällig, denn eigentlich machte er sich aus kleinen Kindern nichts. Aber Eurykleia, die Amme, legte das Neugeborene dem frischgebackenen Großvater in den Arm und bat ihn, ihm einen Namen zu geben. Autolykos soll auf diese Bitte hin herzlich gelacht haben, und der erstbeste Begriff, der dem alten Halunken einfiel, war das Wort *odyssesthai* – das griechische Wort für hassen, zürnen. Geradezu schicksalhaft war diese Wahl, denn Odysseus sollte damit nicht nur einen furchterregenden Namen erhalten, sondern er war aufgrund seiner göttlichen Herkunft auch mit überirdischer List und Klugheit ausgestattet.
Neben dem eher zufällig gewählten Namen und der List vererbte ihm sein Großvater aber noch etwas anderes: Bei einem seiner seltenen Besuche am Hof in Ithaka – Odysseus war bereits ein aufgeweckter Junge, der den Palast unsicher machte – versprach Autolykos dem Kleinen, dass er reich beschenkt würde, sobald er in der Lage sei, sich die Gaben auf dem Parnass* abzuholen."

An dieser Stelle unterbrach ich meine Mutter, denn vom Parnass hatte ich noch nie etwas gehört.
„Telemachos, mein Kleiner, dein Urgroßvater Hermes war nicht nur der Götterbote, sondern auch der beste Freund des Apollon, nachdem er ihm eine Leier geschenkt und Apollon so zum Gott der Musen gemacht hatte. Der Parnass ist der Sitz dieses Apollon und das Sinnbild der Dichtkunst. Die Frage ist aber, was sich dein Vater Odysseus dort hätte abholen sollen? Wie auch immer, wieder einmal hatte Autolykos Schätze versprochen, die ihm gar nicht gehörten, aber das ist eine andere Geschichte."

Mutter wollte aufstehen, um endlich ihre Wolle zu färben, aber ich hielt sie am Ärmel ihres Kleides fest und bettelte um diese eine einzige Geschichte. Penelope wand sich, denn sie wusste nur allzu gut, welchen Schatz Odysseus gewonnen hatte, als er noch ein Jüngling war. Aber das war nicht auf dem Parnass gewesen, dort hatte er sich bei einem Jagdausflug lediglich eine schlecht heilende Wunde an der Hüfte zugezogen, als ein wild gewordener Eber ihn rammte. Es geschah bei einem anderen Ausflug.

Odysseus und der wilde Eber

Leise begann Mutter zu erzählen.
„Ein Junge wie Odysseus hatte nicht viele Freunde; zum einen verbot es ihm sein Stand, zum anderen war ihm keiner gewachsen. Kaum ein Kind traute sich, mit ihm zu spielen, denn er schummelte, legte alle herein, dachte sich Tricks und Späße aus, die den anderen Kindern Angst machten. Außerdem erforderte die Ausbildung zum König Zeit und Kraft: Sein Vater Laertes nahm ihn mit auf die Jagd, am Hafen wurde er in der Zimmermannskunst unterwiesen, Waffenkunde und Landwirtschaft gehörten zu seinen täglichen Übungen.
Da Ithaka von niederem Strauchwerk bedeckt war, bevölkerten unzählige Schafe und Ziegenherden die Insel und lieferten Wolle, Käse, Felle, Fleisch, das man auf den Nachbarinseln, aber auch auf dem Peloponnes* und in Thessalien* schätzte.

Odysseus war wohl vierzehn oder fünfzehn Jahre alt, als man ihm die Verantwortung für einen Großteil der ithakischen Herden übertrug. Er vertrieb sich die Zeit zwischen dem Hin- und Hertreiben der Herden, dem Zählen und Scheren, mit genau den Dingen, die heranwachsende junge Männer interessieren: mit Krafttraining, kleinen Späßen mit den Mägden, die die geschorene Wolle abholten, und mit der Vogeljagd. Vielleicht war Odysseus ein wenig zu sehr mit all diesen Dingen beschäftigt, jedenfalls wurde eine gehörige Anzahl Schafe gestohlen, und sein Vater schickte ihn nach Messenien*, einem Teil des Festlands, wo er die Schafe vermutete. Odysseus machte sich voller Eifer auf den Weg, setzte mit einem kleinen Schiff und wenigen Gefährten über und durchstreifte tagelang die raue Landschaft an den Küsten und im Inneren des Landes.

Es war schwer, sich einen Weg durch die vielen Olivenbäume zu bahnen, zwischen denen meterhoher Thymian wuchs und einen schweren Duft verbreitete – die ätherischen Öle des Strauchs, aufgeheizt durch die Mittagshitze, setzten Odysseus und seinen Männern zu. Nicht selten ließen sie sich einfach erschöpft in den Schatten von Felsvorsprüngen fallen, um zu ruhen. Von den Schafen keine Spur.

An einem Mittag, wieder einmal waren die Gefährten in einen traumlosen Dämmerzustand gefallen, machte sich Odysseus allein auf die Suche. Die Warnung seines Vaters, ja nicht ohne die Tiere zurückzukehren, saß ihm in den Knochen. Die Schafe waren das größte Gut Ithakas; sollte es sich herumsprechen, dass man dem großen König von Ithaka so leicht sein Vermögen rauben konnte, würde es bald Nachahmer geben. Odysseus schulterte einen ledernen Wasserschlauch, ließ die dösenden Kameraden zurück und bahnte sich den Weg zu einem besonders dichten Wäldchen, das sie in den letzten Tagen immer umgangen hatten, da es ihnen zu unwegsam für die Tiere erschien. Die knorrigen

Stämme der Olivenbäume ragten trotzig aus einem Meer von Lavendel. Odysseus zerkrümelte einige der lila Blüten und rieb sich das Pulver auf die Haut, um die Mücken fernzuhalten. Er musste meist gebückt gehen, um den herabhängenden Ästen auszuweichen, deshalb hörte er zuerst das Geräusch, noch bevor er etwas sah. Ein Knacken, ein leises „Zzzzzz“. Odysseus hockte sich in das Lavendelmeer und schaute vorsichtig darüber hinweg. Ein junger Mann hatte sich, mit dem Rücken zu ihm, hinter einem Baumstamm versteckt und machte merkwürdige Geräusche. Braune, lange Haare fielen auf seinen nackten Rücken, er war kräftig und trug einen Bogen.

Schlecht, dachte sich Odysseus, sehr schlecht, denn er war unbewaffnet losgezogen, nicht ahnend, dass ihm in dieser von Göttern verlassenen Gegend jemand begegnen würde. Er würde sich ruhig verhalten müssen, bis der Fremde weg war, dem er es noch nicht einmal verübeln könnte, wenn er auf ihn schießen würde, schließlich war in dieser Wildnis jeder des anderen Feind. Mit einem Satz sprang plötzlich der junge Mann vor und umklammerte ein Tier, das aus dem Gebüsch brach. Fluchend ließ er es gleich darauf wieder los. Es war ein Schaf.
Mein Schaf, dachte Odysseus und sprang nun seinerseits vor, um es zu packen. Es war eines jener Tiere, die er schon seit Tagen

suchte. Das erkannte er leicht an dem kleinen Ritz im rechten Ohr, dem Erkennungszeichen aller ithakischen Schafe. Zu spät fiel ihm ein, wie unvorsichtig es war, den Fremden so zu erschrecken. Und in der Tat rannte der junge Mann mit einem Schrei auf ihn zu. Es kam zu einem Gerangel, aus dem sich das blökende Schaf zuerst befreien konnte. Odysseus und der Jüngling sahen sich das erste Mal in die Augen.

Wer weiß, was auch immer es ist, das Sympathie oder Antipathie auslöst – meist genügt ein Augenblick, um es festzustellen. Und so war es auch bei Odysseus und Iphitos, so der Name des Fremden. Irgendetwas im Gesicht des anderen sagte ihnen, dass hier ein Gleichklang der Seelen vorlag. Als sie sich vorsichtig die Namen und die Gründe ihres Aufenthalts in Messenien nannten, mussten sie beide lachen. Odysseus, der die väterlichen Schafe suchte, war auf den Sohn des Eurytos, des Königs von Oichalia in Thessalien, gestoßen, der seinerseits einige schöne, schnelle Stuten aus dem väterlichen Rennstall suchte. Von Eurytos hatte Odysseus wohl schon gehört, aber er lauschte den Ausführungen des neuen Freundes gerne, der ihm erzählte, warum er die Stuten heimbringen musste.

Sein Vater hatte sich frech auf einen Wettstreit mit dem unbesiegbaren Götterhelden Herakles eingelassen und ... hatte verloren. Den versprochenen Wetteinsatz aber, die eigene Tochter, blieb Eurytos schuldig, weshalb Herakles die wertvollsten Stuten entführt hatte und er, Iphitos, die Aufgabe hatte, sie in dieser öden Wildnis zu suchen. Und gerade als er dachte, eine gefunden zu haben, stellte sich heraus, dass es ein Schaf war.

Gemeinsam suchten sie noch einige Tage lang die Gegend ab und fanden zwar die meisten von Odysseus' Schafen, aber keines der Pferde. Als sie sich trennten, waren sie wahre Freunde geworden. Odysseus hatte Freundschaft bis dahin kaum erlebt, und der flinke und humorvolle Iphitos war ihm ans Herz gewachsen.

Nach gar nicht so langer Zeit kam Iphitos nach Ithaka gesegelt, um Odysseus ein Geschenk zu überreichen: einen Bogen, der nur von wenigen Menschen gespannt werden konnte – von seinem Vater Eurytos und, wie Iphitos annahm, von Odysseus. Und genauso war es. Odysseus war in der Lage, die Sehne zu spannen. Iphitos erzählte auch, warum er Odysseus den Bogen schenken wollte. Sein Vater war von Apollon getötet worden, weil er auch diesen herausgefordert hatte: zu einem Bogenschützenwettbewerb, bei dem Eurytos durch den besonderen Bogen ganz klar im Vorteil war. Apollon konnte Niederlagen nicht ertragen und erschlug Eurytos aus Wut. Iphitos wollte sichergehen, dass der Bogen nicht in falsche Hände geriet, und überreichte ihn feierlich Odysseus als Geschenk."

An dieser Stelle hielt meine Mutter inne. Sie stand auf und öffnete eine schwere Truhe, die in einer finsteren Ecke hinter der Treppe bei der Färberei stand. Ich sollte zu ihr kommen und hineinsehen. Ein riesiger Bogen lag darin. Allein das Holz wog so schwer, dass man ihn kaum hochheben konnte. Die Sehne war straff gespannt und rührte sich keinen Fingerbreit, als ich daran zog.
„Das ist der Bogen des Iphitos. Dein Vater hat nie damit geschossen, und er hat ihn auch nicht in diesen verfluchten Krieg mitgenommen. Es ist sein einziges Andenken an seinen besten Freund. Iphitos ist nur wenige Monate, nachdem er deinem Vater den Bogen überlassen hatte, von Herakles im Wahn getötet worden. Nicht auszudenken, was passiert wäre, wenn Herakles den Bogen bekommen hätte."
Mutter strich mir über das Haar. „Nun, ist deine Neugierde jetzt befriedigt?", fragte sie.
Ich stammelte wohl „ja, ja", aber der Gedanke an den Bogen ließ mich nie wieder los.

Brautschau in Sparta

Ein Mann für Helena

Ich muss etwa dreizehn oder vierzehn Jahre alt gewesen sein, als ich den Reiz der Frauen entdeckte. Die Mägde, die mir bis dahin Spielkameradinnen waren, sah ich nun mit ganz anderem Interesse; mir fielen ihre Locken auf, die keck ins Gesicht hingen, ihre zierlichen Fesseln, die mit geflochtenen Lederbändern umwickelt waren. Glänzende Lippen machten mich unruhig, und Berührungen ließen mich schaudern.

Meine Mutter, die mich wohl wie niemand sonst kannte, nahm mich eines Tages beiseite. Vor ihr stand eine Schüssel, in der in ein Tuch gewickelter Schafskäse lag. In einer weiteren irdenen Schüssel waren eingelegte Paprika, und eine dritte blaugrüne Keramikschale enthielt einen mit Honig und Zitronenschalen verriebenen Brei aus Feigen. Er schmeckte köstlich zu Schafskäse, und ich konnte nicht an mich halten und naschte ein Stück Käse mit Feigenmus. Mutter klopfte mir scherzend auf die Finger.
„Du möchtest jetzt alles ausprobieren, hm?" Dabei sah sie mich forschend von der Seite an. „Ich beobachte dich, wie du den Mägden hinterhersiehst, Telemachos. Das ist ganz normal in deinem Alter. Irgendwann wirst du losziehen und dir eine Gattin suchen. Als Königssohn kannst du zwar nicht eine Magd wählen, aber du solltest auch keine Zweckhochzeit anstreben."
Zweckhochzeit – ein scheußliches Wort, ein Begriff, der mir noch nie in den Sinn gekommen war. Zwar hatte ich meinen Vater als Baby das letzte Mal gesehen, aber die Art, wie meine Mutter von

ihm sprach, wie sie auf ihn wartete, schien mir auf alles andere hinzudeuten als auf eine „Zweckhochzeit". Penelope liebte Odysseus, er war ihr einziger Mann, und die Zeit des Wartens war zwar eine Prüfung, aber nicht eine Prüfung ihrer Liebe – eher eine der Kraft, denn das Königreich allein zu regieren und gegen begehrliche Fremde zu schützen, war eine Aufgabe, die Penelope immer mehr abverlangte. Je länger Odysseus wegblieb, umso mehr Männer kamen aus allen Gebieten des hellenischen Reichs*, um der neue Mann an Penelopes Seite zu werden. Ich bewunderte meine schöne, ernste Mutter, die völlig unberührt von allen Gerüchten an die Wiederkehr ihres Mannes glaubte, während sich draußen, in den Vorhöfen des Palastes, täglich mehr Fürsten und Königssöhne niederließen und um sie warben.

„Odysseus und ich, wir haben einander gefunden!" Meine Mutter funkelte mich mit ihren dunklen Augen an. „Normalerweise ist es so, dass junge Königssöhne um junge Königstöchter freien. Meist ist es eine Frage der Schätze, die sie mitbringen, um die Töchter auszulösen. Und noch viel mehr ist es eine Sache der politischen Bündnisse, von denen sich die Brautväter etwas versprechen. Selten ist Liebe im Spiel, und manch verheirateter Mann sucht die Liebe in anderen Betten."

Penelopes Stimme war rau geworden. „Ich will dir etwas von meiner Familie erzählen, Telemachos, damit du verstehst, was mich mit deinem Vater verbindet. Mein Vater Ikarios war der König von Sparta*. Sein Bruder Tyndareos hatte zwei Töchter, Klytämnestra und Helena. Meine Kusinen. Odysseus kam an unseren Hof im Gefolge der Männer, die um meine Kusinen freiten. Doch nach dem ersten Blick haben wir gewusst, dass wir füreinander bestimmt waren. Aber Odysseus war nicht vermögend genug, um mich zu freien. Ich sah keinen Ausweg, zumal ich erlebte, welcher Wirbel um meine beiden Kusinen gemacht wurde. Klytämnestra und Helena waren immer schon so schön wie furchtbar. Klytämnestra hat ein aufbrausendes und herrisches Wesen, Helena ist so überirdisch schön und dabei so eingebildet, dass sie glaubt, damit alles erreichen zu können. Neben ihnen war ich das hässliche Entlein, die Unscheinbare – aber dennoch eine Königstochter. Drei heiratsfähige Mädchen an einem Königshof, das zieht Heerscharen von Freiern an. Schau dich um, wie es bei uns gerade zugeht, und nimm das Ganze mal zwanzig, dann hast du eine Vorstellung der Anzahl von heiratswütigen Herrschersöhnen, die immer fordernder um uns anhielten.

Von meinem Fenster aus konnte ich manchmal einen Blick auf Odysseus erhaschen, der mir winkte und sich an dem Kräftemessen der Burschen nicht beteiligte. Die Ungeduld machte alle reizbar. Menelaos und Agamemnon waren die aussichtsreichsten Kandidaten für Helena und Klytämnestra, aber immer wieder kam es zu blutigem Streit, denn auch andere Männer hofften auf die Schöne und die Unbeugsame. Auch mich hätte jeder gerne genommen, denn ich war die Tochter des Königs. Aber mich bewegte nur der Gedanke an Odysseus. Mir war schleierhaft, wie es gelingen sollte, die Frau dieses mittellosen Mannes zu werden, wenn doch mein Vater die Möglichkeit hatte, zwischen den reichsten Jünglingen unter allen Griechen zu wählen.

Mein Vater und sein Bruder Tyndareos konnten aber keine Entscheidung treffen, denn sie ahnten, dass es zu einem Gemetzel gekommen wäre, wenn sie einen aus der Mitte der Freier gewählt hätten. Die Situation spitzte sich zu. Eine Horde streitlustiger Männer, zwei Frauen, die die Sehnsüchte schürten, ich unglücklich Verliebte und zwei ratlose Väter ...

Zum ersten Mal sollte Odysseus in dieser Lage seine sprichwörtliche List einsetzen. Er schlug Tyndareos, der mit der schönen Helena die meiste Not hatte, eine Strategie vor. Alle Freier sollten schwören, dass sie dem gewählten Ehemann jederzeit beistehen würden, sollte ihm aus dieser Ehe ein Übel erwachsen. Damit war nach dem Ehrenkodex sichergestellt, dass die Männer denjenigen achten müssten, den Tyndareos aus ihrer Mitte wählen würde. Und so wählte Tyndareos für Helena einen der Mächtigsten, Menelaos, König von Mykene, und dessen Bruder Agamemnon versprach er Klytämnestra.

Tatsächlich brach keine Unruhe aus, nachdem dies verkündet war; zwar verließen die glücklosen Freier murrend den Palast, aber sie hatten ihren Eid geleistet. Wahrscheinlich dachte keiner daran, dass er ihn je einhalten müsste – bis zu jenem unseligen Ereignis, als Paris Helena raubte und alle Gefährten zusammengerufen wurden, um das Verbrechen zu sühnen. So auch dein Vater."

„Aber wie bist du dann Odysseus' Frau geworden? Warum hat dein Vater dich nicht mit einem der reichen Freier verlobt?"

"Das hat er doch! Mit Odysseus!" Mutters Augen blitzen wie schon lange nicht mehr. „Dein Vater ließ sich seinen guten Rat bezahlen, schließlich hatte er ein Blutvergießen verhindert und eine Lösung möglich gemacht. Er hatte sich im Gegenzug mich zu seiner Frau gewünscht, und das, ohne die erforderliche Mitgift aufbringen zu müssen. Mein Vater Ikarios ließ mich zwar nur schweren Herzens ziehen und wollte mich sogar noch nach der Hochzeit zwingen, bei ihm zu bleiben, aber ich bin Odysseus gefolgt und habe den Schleier abgelegt, das Zeichen dafür, dass ich meinem Mann ergeben bin. Sofort und ohne Vorbehalte bin ich mit ihm in das unbekannte Ithaka gesegelt und habe es bis heute nicht bereut. Auch wenn uns sein listiger Ratschlag beschert hat, dass er nun schon seit vierzehn Jahren fort ist. Niemand konnte das damals ahnen."

Ich berührte meine Mutter sanft am Arm. Ein bisschen mehr hatte ich jetzt von der Liebe zwischen Mann und Frau verstanden, jenem Gefühl, von dem ich zu ahnen begann. Was mir aber immer noch Rätsel aufgab, war jene Helena, die von einem gewissen Paris entführt worden war, und die Frage, warum ihretwegen der große Krieg ausbrach, in den mein Vater gezogen war.

Streit um den goldenen Apfel
Paris trifft eine Entscheidung

Meine Neugierde war nach diesem Gespräch noch längst nicht befriedigt. Mit allem, was ich erfuhr, stellten sich mehr Fragen, mit jedem Jahr, das ich älter wurde, wollte ich mehr verstehen. Doch die Regierungsgeschäfte, die tägliche Arbeit und die vielen ungebetenen Gäste, die unseren Hof bevölkerten, ließen meiner Mutter wenig Zeit. Odysseus' Vater Laertes, mein Großvater, war ihr keine Hilfe. Er war, nachdem seine Frau Antikleia gestorben war, aus Kummer zum Einsiedler geworden.
Manchmal jedoch setzte sich meine Mutter mit mir in einen stillen Winkel hinter unserem Palast, meist in der Nähe der Gerbereien, denn dort war für jeden, der es nicht gewöhnt war, der Gestank so heftig, dass niemand freiwillig hierher kam. Seitdem aber die Freier die Herrschaft über weite Teile unseres Palastes übernommen hatten, war es notwendig, solche Tricks anzuwenden, um wenigstens für kurze Zeit ungestört zu sein.

Bei einer dieser den widrigen Umständen abgetrotzten Zusammenkünfte konnte mir meine Mutter mehr aus der Zeit vor dem Krieg erzählen.
„Nachdem dein Großvater Laertes die Macht an Odysseus übergeben hatte, regierte dein Vater unsere Insel mit Bestimmtheit und Ruhe. Seine Bürger waren ihm wichtig, die Bauern verehrte er, und den Handwerkern zahlte er anständige Löhne, denn sie garantieren das bescheidene, aber gute Leben auf Ithaka. Unsere Felle, die Wolle und die schönen Webereien sind im ganzen

Das liebliche Ithaka

Mittelmeerraum bekannt. Fleisch, Käse und Oliven haben wir im Überfluss. Odysseus hat sich oft unter die Scherer, Filzer, Färber und Wollwäscher gemischt und ihnen geholfen. Schon äußerlich war er ihnen ähnlich. Kleidete sich nie auffällig, war ein klein wenig untersetzt, mit einem ungestümen Bart- und Haarwuchs und kräftigen Händen, und wenn er nicht gerade eine öffentliche Rede halten musste, sprach er nicht viel. Er war ein scharfer Beobachter, und vermutlich ist es das, was ihn anderen überlegen macht. Er kennt die Menschen, weiß, wie sie reagieren, kann sich im Voraus vorstellen, was passieren wird. So konnte er mit wenigen Worten Streitigkeiten beenden und die Anfeindungen anderer Herrscher gering halten. Dein Vater ist schlau – böse Zungen sagen gerissen, aber das stimmt nicht. Es ist der Neid, der sie so reden lässt. Odysseus möchte stets den kürzesten Weg nehmen, um sein Ziel zu erreichen. Wie muss ihm deshalb dieser Krieg, von dessen Verlauf und Ausgang wir so Unterschiedliches hören, gegen den Strich gehen! Zehn Jahre soll die Schlacht um Troja und die Niederwerfung ihrer Bewohner gedauert haben. Bald siebzehn Jahre ist dein Vater nun schon fort von Ithaka. Und wir können nur hoffen, dass Zeus und die anderen Götter ihren klügsten Erdensohn nicht bestrafen für seine Taten in dem furchtbaren Krieg. Was auch immer geschehen ist, ich bin sicher, dass Odysseus seine ganze Klugheit eingesetzt hat, um der Troer Herr zu werden. Denn ich spüre, eines treibt ihn an: seine Sehnsucht nach Ithaka, nach dir, seinem Sohn, und vielleicht" – hier stockte meine Mutter – „auch nach mir."

Ein Satz in Mutters Rede hatte mich aufhorchen lassen. Die Götter ... Was war mit ihnen? Zu oft hatte ich nun schon gehört, dass der Trojanische Krieg eigentlich ein Krieg der Götter war und wir Menschen darin nur ihre Spielfiguren. War das die Wahrheit?
Es dauerte, bis Mutter wieder Zeit fand, mit mir darüber zu reden. Sie musste sich etwas einfallen lassen, um die Freier, die frech und in großer Zahl in unseren Hof eingezogen waren, bei Laune und trotzdem in gebührendem Abstand zu halten. Meine Mutter Penelope hatte die Arbeit an einem großen Totentuch für Odysseus aufgenommen, so erzählte sie es den Männern, die unsere Vorräte aßen, unseren Wein tranken und gierig nach allen Frauen griffen, um sich die Zeit des Werbens zu verkürzen. Wenn das Totentuch fertig wäre, versprach Penelope, würde sie sich für einen von ihnen entscheiden. So verwunderte es niemanden, dass meine Mutter sich oft tagelang nicht sehen ließ, denn jeder dachte, sie webte. Dass sie nachts all ihr Werk wieder auftrennte, wussten nur unsere Amme Eurykleia und ich. Niemand sonst durfte deshalb in Penelopes Gemächer.*
Manchmal brachte ich ihr frisch gesponnene Wolle in erdigen Farben. Dann hatten wir Gelegenheit, miteinander zu reden. Und so erfuhr ich, wie es zum Trojanischen Krieg gekommen war.

„Eines musst du wissen, Telemachos, unter den Göttern gibt es viel Neid und Missgunst. Jeder glaubt, ein bisschen besser als der andere zu sein, und das, obwohl viele eng miteinander verwandt sind, teilweise Kinder, Eltern oder Geschwister gleichzeitig sind. Über allen steht Zeus, dessen Stellung unanfechtbar ist. Oder fast unanfechtbar, denn immer wieder wurden Götterkinder geboren mit besonderen Gaben. So auch Thetis, eine geheimnisvolle Meeresgöttin, die von Zeus' Gemahlin Hera aufgezogen wurde. Dieser Thetis war es vorherbestimmt, Kinder zu gebären, die stärker als ihr Vater würden. Gerade noch rechtzeitig wurde Zeus von Prometheus gewarnt, sich nicht mit der traumschönen Göttin einzulassen. Nicht auszudenken, was passiert wäre, wenn Zeus mit ihr ein Kind gezeugt hätte!

Stattdessen plante Zeus, diese Thetis mit einem sterblichen Helden zu verheiraten, der ihr zwar gewachsen sein musste, aber eben ungefährlich war. Die Wahl fiel auf König Peleus. Zur Hochzeit der beiden lud man sämtliche Götter ein, die auch, aus Respekt vor der schönen und hilfsbereiten Thetis, alle kamen. Alle außer einer, die man vorsorglich nicht eingeladen hatte: Eris, die Tochter der Nacht, deren Name Zwietracht bedeutet. Doch Eris machte ihrem Namen alle Ehre. Sie kam ungefragt auf das Fest, warf dort einen goldenen Apfel in die Menge, auf den sie ‚der Schönsten' geschrieben hatte, und entschwand mit einem schrecklichen Lachen. Allen hätte das eine Warnung sein müssen, aber Götter sind eitel, und Göttinnen sind mehr als eitel. Und so stritten sich noch auf dem Fest Hera, Aphrodite und Athene um den Titel, die Schönste zu sein. Doch war das Fest nicht der Ort, Streitereien auszutragen, genau das hatte man ja vermeiden wollen, als man Eris nicht einlud. Zeus musste eingreifen.

Er hatte von dem verstoßenen trojanischen Königssohn Paris gehört. Auch diesem Kind, dem Erstgeborenen des Königs Priamos von Troja und seiner Frau Hekabe, war ein Schicksal geweissagt

worden. Noch vor seiner Geburt träumte seine Mutter, das Kind werde einen Feuerbrand über die Welt bringen, der Troja verwüsten würde. Bestärkt durch einen Seher*, setzte Priamos den kleinen Paris kurz nach der Geburt auf dem Berg Ida bei einem Hirten aus. Der Hirte zog den Jungen auf. Als er zu einem schönen jungen Mann herangewachsen war, kam Paris zufällig nach Troja, nahm an einem Stierkampf teil und versöhnte sich mit seinen Eltern. Trotzdem zog es Paris auch weiterhin auf den Berg Ida, wo er nun die Ziegen des Hirten hütete und sich die Zeit mit der Flussnymphe* Oinone vertrieb.
Eines Tages, Paris hatte gerade ein Nickerchen unter einer Eiche gehalten, erschienen drei Göttinnen: Hera, Athene und Aphrodite. Sie waren von Zeus geschickt. Alle drei lagen immer noch miteinander im Streit um den goldenen Apfel. So recht hatte Paris die Sache mit dem glänzenden Zankapfel zwar nicht verstanden, aber was er verstand, war, dass diese drei berückenden Frauen ihn um Rat fragten, wer die Schönste von ihnen sei. Bei der Beantwortung dieser Frage konnte man nur alles falsch machen, egal, wie man es anstellte, so viel war auch Paris klar. Die Göttinnen jedoch waren von ihm beeindruckt, denn er war geradezu überirdisch schön. Und so versuchten nun diese drei mächtigen Göttinnen, den Hirtenjungen mit dem Versprechen von Geschenken zu einer Wahl zu überreden.
Hera bot ihm die Herrschaft über die Erde an, Athene den Sieg in allen Schlachten und Aphrodite die schönste Frau der Welt.
Paris musste nicht lange nachdenken.
Die Welt bestand für ihn aus dem Gipfel des Ida-Gebirges, den er schon kannte, von Kriegen hatte er keine Ahnung.
Nur das Versprechen, die schönste Frau zu bekommen, lockte ihn.
Das Erscheinen der Göttinnen hatte ihm klar gemacht, dass es noch unendlich viel reizvollere Wesen auf der Welt geben musste

als seine Nymphe Oinone. Er überreichte Aphrodite den Apfel, verneigte sich vor ihr und löste damit die Katastrophe aus, dic deinen Vater und so viele andere Männer seit mehr als eineinhalb Jahrzehnten von ihrer Heimat fernhält oder sie gar das Leben gekostet hat. Denn die schönste Frau war und ist Helena, meine Kusine, die damals längst mit Menelaos verheiratet war und eine Tochter hatte.

Paris segelte also nach Sparta, wo Menelaos inzwischen König war, und es traf sich gut, dass der gerade fern der Heimat einer Trauerfeier beiwohnte. Helena war von Paris verzaubert und musste nicht lange überredet werden, ihm nach Troja zu folgen. Ihre Tochter ließ sie zurück. Wer es gut mit Helena meint, behauptet, sie sei von Paris entführt worden. Aber ich glaube sie zu kennen: Ein Ausflug mit einem hübschen jungen Mann war ganz nach ihrem Geschmack, und über die Folgen hat sie sich vermutlich keine Gedanken gemacht.

Als Menelaos zurückkam, traf ihn die Nachricht von Helenas Verschwinden tief, nicht nur aus Eitelkeit, sondern weil er Helena auf seine Art liebte. Außerdem ist Menelaos kein schöner Mann, und er konnte seine Eifersucht auf den viel jüngeren und viel schöneren Paris kaum aushalten.

Er erinnerte sich des Eides aller Freier und schickte sofort Agamemnon, seinen Bruder, und Palamedes los, die Bundesgenossen zu holen, die nach Odysseus' Rat bei der Brautschau so einmütig geschworen hatten, ihm beizustehen. Menelaos wollte das Versprechen eingelöst sehen.

Den Rest der Geschichte kennst du, mein Telemachos"– Mutter drückte meinen Arm – „an den Moment, als dein Vater Agamemnon und Palamedes am Strand als irrer Pflügender täuschen wollte, kannst du dich doch noch erinnern?"

„Da ich mir nicht vorstellen kann, dass die größten Helden unserer Zeit aufgrund eines Dummenjungenstreichs aufgebrochen sind, um Helena zu befreien oder Troja dem Erdboden gleichzumachen, muss etwas Größeres dahinterstehen. Ein göttlicher Wille. Die Schlacht um Troja ist oder war ein Kampf der Götter, anders ist es nicht zu erklären."

Mutter hatte das Schultertuch fester um sich gezogen. Sie sah verloren aus. Die Vorstellung, dass mein Vater Hauptdarsteller in einer göttlichen Tragödie war, machte mich fassungslos.
Würde seine Klugheit ausreichen, sich mit den göttlichen Bewohnern des Olymp* zu messen?
Würde er auch ihre Strategien durchblicken können, wie er es bei den Menschen oft unter Beweis gestellt hatte?
Und was hatten sie mit ihm vor?
Der Krieg war angeblich nach zehn Jahren beendet gewesen. Was hatte Odysseus in den letzten sieben Jahren gemacht?
Von meiner Mutter würde ich es nicht erfahren. Sie wollte all die Herolde* und Kuriere nicht anhören, die seither die unterschiedlichsten Nachrichten an Ithakas Küsten gebracht hatten. Aber mein Großvater Laertes, er musste mehr wissen. Vor Kummer hatte er sich in ein kleines, einfaches Haus in den Bergen zurückgezogen und lebte dort in ärmlichster Bescheidenheit. Trotzdem ließ er immer wieder Seher und Weise zu sich kommen. Ihn würde ich bei nächster Gelegenheit fragen müssen.

Lavendelblüte

Auf dem Weg nach Troja

Die Weissagung des Kalchas

Mein Großvater lebte in einer schäbigen Hütte weitab des Palastes. Lediglich ein paar Ziegen grasten davor und gaben dem alten Mann alles, was er zum täglichen Leben brauchte, so die Milch, aus der er Käse und Rahm machte und in die er harte Hirsefladen tauchte. Als Odysseus unfreiwillig nach Troja aufgebrochen war, versank mein Großvater Laertes immer mehr in Schweigen. Er half Penelope nicht bei den Regierungsgeschäften und sprach kaum noch. Nur mit mir saß er an manchen Tagen stundenlang vor seiner Hütte, und manchmal erzählte er dann von seinem Sohn Odysseus, von dessen Kindheit und Jugend und seiner Zeit als König von Ithaka. Laertes war stolz auf Odysseus, das konnte man seinen Worten entnehmen, und so wenig er sprach, so aufmerksam hörte er den Herolden zu, die Kunde aus fernen Ländern brachten, auch vom Trojanischen Krieg und vor allem von der Überfahrt nach Troja. Da meine Muter von diesen Dingen nichts wissen wollte, weil sie annahm, die Hälfte davon sei erlogen, erfunden oder auf den weiten Wegen verfälscht, war mein Großvater der Einzige, den ich danach fragen konnte.

Eines Tages hockte ich neben Laertes auf der kleinen, wackeligen Bank vor seinem Häuschen. Ich hatte ihm ein paar Trauben, einen Krug süßen Wein und allerhand Gebäck gebracht. Meine Mutter war mit dem Totentuch beschäftigt, und die Freier lagerten in den Gärten und Vorhöfen unseres Palastes, als gehörte er schon ihnen.

„Großvater, du weißt es doch ... Wie war die Überfahrt nach Troja, nachdem Agamemnon und Palamedes meinen Vater geholt hatten?"

Laertes schüttelte den Kopf, als hätte er die Frage nicht verstanden, aber er ballte die Fäuste, dass die Haut an den Knöcheln seiner Hände weiß wurde, und ich wusste, dass er seinen Schmerz überwinden musste und nach Worten rang.

„Mein lieber Telemachos, dein Vater hat damals sieben Schiffe zusammengestellt, so schnell es ging, und sich der Flotte des Agamemnon angeschlossen. Deine Mutter stand noch lange am Ufer und winkte. Du warst auf ihrem Arm und hast bitterlich geweint, als wüsstest du, was das alles zu bedeuten hatte. Ein, zwei Jahre später bekam ich durch einen Boten die erste Nachricht über deinen Vater und davon, dass der Trojanische Krieg nach vielen Verzögerungen begonnen hatte."

Laertes fuhr mit der Hand durch sein schlohweißes Haar, das ihm bis zu den Schultern reichte. Er war immer noch eine königliche Erscheinung, auch wenn er in Lumpen und gebeugt dasaß.

„Aber war denn nicht jede Verzögerung gut? Vater wollte doch nicht in diesen Krieg?" Ich verstand nicht, was Großvater mir sagen wollte.

„Ganz so einfach ist es nicht. Du weißt, wenn dein Vater etwas beginnt, vollendet er es auch, das hatte er bereits bei der Brautschau um deine Mutter bewiesen. Wenn man ihn also schon von seiner Familie und von Ithaka wegholte, wollte er die Mission schnell hinter sich bringen. Doch schnell ging nichts bei der Überfahrt zu den Küsten Ilions, der Meeresbucht von Troja.

Odysseus macht sich gerne ein Bild von allem, bevor er eine Strategie entwickelt. So war er immer schon. Wenn er als Jüngling zum Jagen ging, hatte er vorher ausgekundschaftet, wo bestimmte Wege hinführten und wo sie endeten, hatte Kenner der Gegend gefragt, ob sie genügend Losung* entdeckt hatten und wie viel

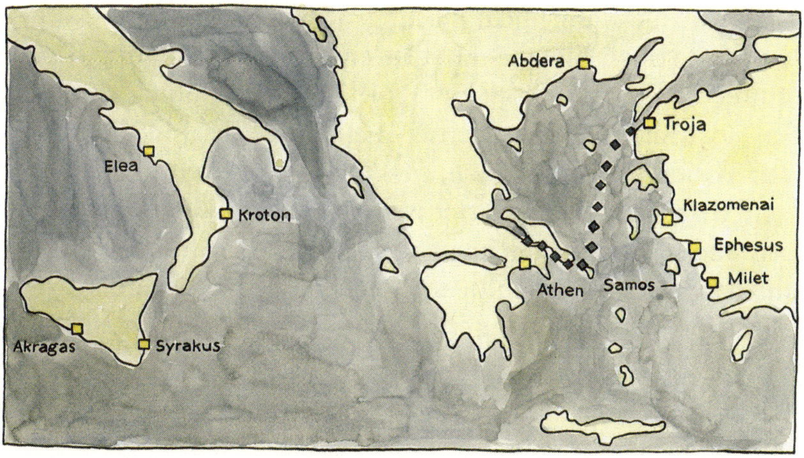

Die Route der griechischen Flotte nach Troja

Wild zu erwarten sei, und er befragte die Weisen nach dem Jagdglück. Genauso tat er es auch, nachdem er von hier in See gestochen war. Auf den Schiffen Agamemnons befand sich der weise Seher Kalchas. Agamemnon hatte ihn zur Teilnahme am Trojanischen Heereszug überreden können – ein kluger Entschluss, den allerdings nur dein Vater zu nutzen wusste, denn er befragte nicht nur diesen großen Seher, welcher der Vogelschau mächtig war, sondern konnte mit dessen Antworten auch etwas anfangen. Schnell wurde klar, dass dein Vater der Liebling der Göttin Athene ist und dass sie ihm und den Griechen immer schützend zur Seite stehen würde. Apollon aber ist dem Paris und somit den Troern zugetan, vermutlich weil beide, Apollon und Paris, schön und eitel sind. Odysseus schloss daraus messerscharf, dass nur mit Hilfe der Götter diese Schlacht zu gewinnen sei. Umso weniger erstaunte ihn, dass Kalchas noch etwas aus dem Flug der Vögel las: Die Griechen würden den Krieg nie ohne Achilleus gewinnen!"

„Wer ist dieser Achilleus, Großvater? Warum ist er so mächtig, dass er über den Ausgang eines Kriegs bestimmen kann?"

„Nein, Achilleus war nicht mächtig, sondern von großer Körperkraft, und auch hinter ihm steht eine göttliche Fügung. Deine Mutter hat dir sicher vom Zankapfel der Eris erzählt, den sie auf der Hochzeit der Meeresgöttin Thetis mit Peleus in die Menge warf? Und du erinnerst dich, dass das Orakel* sagte, dass Thetis' Sohn mächtiger als sein Vater werden würde?" Laertes räusperte sich und nahm einen Schluck des süßen Weins. Die Geschichte und das Reden strengte ihn an, ihn, der Tage, ja Monate schwieg. Ich nickte, natürlich erinnerte ich mich an die Geschichte. Zeus

Aus dem Vogelflug wusste der weise Seher Kalchas die Zukunft zu deuten.

hatte Thetis einen sterblichen Mann zum Gatten gegeben, um größtes Unheil zu verhindern, und der Streit der drei Göttinnen hatte schließlich wegen des Raubs der Helena zum Trojanischen Krieg geführt. Aber was hatte das alles mit Achilleus und meinem Vater zu tun?

„Achilleus ist der einzige Sohn, der aus der Verbindung der Thetis mit Peleus hervorging. Er ist derjenige, der mächtiger als sein Vater werden sollte. Und da seine Mutter eine Göttin ist, wollte sie, dass auch ihr Sohn unsterblich werde. Und so salbte sie ihn tags

mit Ambrosia*, bedeckte ihn nachts mit Asche, und schließlich tauchte sie ihn in den Fluss Styx*, der ihn unverletzbar machen sollte. An der Stelle des Fußes aber, an der sie das kleine Kind hielt, an der Ferse, konnte der Flusszauber nicht wirken. Und diese ‚Achillesferse' sollte Achilleus zum Verhängnis werden.
Thetis hätte alles für ihren Sohn getan, und er war ihr ein Leben lang tief verbunden, obwohl sie ihn bei ihrem Vater zurückließ und wieder ins Meer ging. Denn Peleus hatte Angst um seinen Sohn, als er sah, dass Thetis ihn in Asche und in Flüssen badete, und wollte ihr das Kind wegnehmen. Thetis hat sich darüber so erbost, dass sie Mann und Sohn verließ. Der kleine Achilleus wurde daraufhin zu seinem Urgroßvater, dem Kentauren* Chiron, in die Ausbildung geschickt. Der gütige, weise Chiron, dessen Gestalt – halb Mensch, halb Pferd – sich von den anderen Kentauren, die halb Mensch, halb Stier waren, unterschied, war auch im Wesen ein sanfter, kluger Ratgeber. Er ließ Achilleus nicht nur die beste Ausbildung in Kampf und Waffenkunde angedeihen, sondern unterwies ihn auch in Musik und Heilkunst.
Als kräftiger junger Mann kehrte Achilleus an den Hof des Vaters zurück, bei dem in der Zwischenzeit ein fremder Jüngling Zuflucht gefunden hatte: Patroklos, der aus Versehen im Spiel einen anderen getötet hatte und nur durch Peleus' Schutz Straffreiheit erlangen konnte. Achilleus und Patroklos wurden Freunde, mehr als das: Seelengefährten und, wenn du so willst, Geliebte, wobei dem Patroklos stets die Stellung des Knappen* zukam. Er begleitete seinen Freund auch auf die Insel Skyros, nachdem Thetis wieder aufgetaucht war und geweissagt hatte, dass Achilleus entweder als greiser Mann ruhmlos sterben oder im Kampf um Troja fallen würde. Aus diesem Grund wollte Thetis auch unbedingt verhindern, dass Achilleus in den Krieg um Troja zog, zumal er nie den Eid auf Menelaos geschworen hatte, also gar nicht verpflichtet war, daran teilzunehmen."

Ich wurde ungeduldig, denn was hatte diese ganze Geschichte von Thetis, Achilleus, Patroklos mit meinem Vater zu tun? Außerdem hörte ich von ferne die Freier im Palast nach Wein und Spielen schreien. Lange ließ sich diese Horde nicht mehr ruhigstellen. Ich zupfte Großvater an seinem zerschlissenen Ärmel, der die dürren Arme bedeckte.

„Hab Geduld, Telemachos! Dein Vater hatte also den Seher Kalchas um Rat gefragt, was zu tun sei, um Troja zu besiegen. Und Kalchas sagte: Ohne Achilleus werden die Griechen niemals Troja besiegen.

Da wusste dein Vater, was als Nächstes zu tun war, und er ließ seine Schiffe, die schon Kurs auf Ilions Küsten genommen hatten, wenden. Agamemnons Flotte segelte in Richtung Aulis* weiter."

Mir war schleierhaft, wie es mein Vater angestellt haben könnte, an den weiten Küsten des Mittelmeers diesen Achilleus zu finden.

Laertes räusperte sich wieder und fuhr fort: „Einer Eingebung folgend, hat dein Vater die Insel Skyros angesteuert, sie lag seiner Position am nächsten, und er wollte dort mit der Suche beginnen. Glaub mir, darin liegt die Klugheit deines Vaters, dass er seine Entscheidungen immer getragen von Eingebung und Überlegung trifft. Eine Gabe, die ihn hoffentlich auch irgendwann wieder heimbringen und die ihn den Göttern ebenbürtig machen wird."

Laertes hatte seine Augen geschlossen, als lauschte er in sich hinein. Sein von der Sonne gegerbtes Gesicht blieb reglos, ich fürchtete schon ... Ich hielt meine Hand unter seine Nase, um seinen Atem zu spüren. Doch plötzlich schlug er die Augen auf und sprach weiter.

„Auf Skyros regierte König Lykomedes, der von Thetis den Auftrag bekommen hatte, Achilleus zu verstecken. Und das sicherste Versteck an seinem Hof waren die Frauengemächer. Der schöne

Achilleus wurde in Mädchenkleider gesteckt und vertrieb sich munter die Zeit mit den Damen am Hof.
Bis Odysseus kam. Ihm fiel das Gekreisch der vielen Weiber auf, die Heiterkeit kam ihm fremd vor, und König Lykomedes war ihm nicht geheuer in seiner überbordenden Gastfreundschaft. Dein misstrauischer Vater dachte sich einen raffinierte Plan aus: Er ließ in der Palasthalle des Lykomedes einen Berg Schmuck anhäufen, Gemmen, goldene Ketten mit Amuletten aus Amethyst und Bernstein, Kleiderfibeln*, goldgewirkte Gürtel, Armreifen und Ringe. Es müssen ungeheure Mengen gewesen sein, die auf dem gemusterten Marmorboden um die Wette funkelten. Unter dem Schmuck hatte er Waffen versteckt. Als sich nun der ganze weibliche Hofstaat verzückt auf die Kleinode stürzte und vor Spiegeln anprobierte, ließ Odysseus vor dem Palast ein Trompetensignal ertönen – für jeden Krieger das Zeichen, zu den Waffen zu greifen. Augenblicklich stürzte Achilleus in seinen Mädchenkleidern zu den unter den Schmuckbergen hervorblitzenden Waffen ... und hatte sich so verraten! Dein Vater riss ihm triumphierend den Schleier vom Gesicht und befahl ihm, sich die Schminke abzuwischen.
Inzwischen war auch Patroklos, ebenfalls in Mädchenkleidern, zu Achilleus gestoßen, und Odysseus zwang beide, sich ihm anzuschließen. Er ließ sofort Segel setzen, um Agamemnon nach Aulis zu folgen.
Schon dort sollte sich Achilleus als nützlich erweisen. Als Odysseus' Flotte von der Flut an die Küste getragen wurde, sahen sie die Schiffe des Agamemnon mit eingeholten Segeln ankern. Seit Tagen hatte ein vom Meer kommender Gegenwind sie dort festgehalten, gefolgt von einer Windstille: Wer einmal in der Bucht lag, kam nicht mehr heraus.
Auch Odysseus' Schiffe saßen nun in der Falle. Wieder befragte Odysseus Kalchas, der den Grund für die Flaute bei der zürnen-

den Göttin Artemis sah. Agamemnon musste die Göttin der Jagd, der Fruchtbarkeit und der Jungfräulichkeit beleidigt haben. Kalchas sah allerdings auch die Lösung des Problems: Agamemnon musste seine Tochter Iphigenie opfern. Ratlos, wie er das seiner Frau Klytämnestra beibringen sollte, war Agamemnon erneut auf Odysseus' List angewiesen."

Mir wurde unbehaglich. Die Erfolge meines Vaters waren tatsächlich immer mit Notlügen, Fallen und Verstellungen verbunden. Was würde er sich in dieser Situation überlegt haben? Bevor ich Großvater fragen konnte, fuhr er fort.

„Dein Vater hatte eine Idee: Er hatte Achilleus nicht umsonst aus Skylos mitgebracht. Und so beschloss er, Achilleus als Lockvogel zu benutzen und Iphigenie die Ehe mit Achilleus in Aussicht zu stellen. Sowohl ihre Mutter Klytämnestra als auch Iphigenie fielen auf den Trick herein. Doch als Iphigenie an den vereinbarten Ort gebracht wurde, wo sie Achilleus das erste Mal begegnen sollte – am Opferaltar –, verhüllte sie eine Nebelwolke, und Iphigenie verschwand vor den Augen der Krieger. Kurz darauf erhob sich ein Wind vom Land her und gab die Flotte frei, die eilends aus der Bucht segelte, endlich hin nach Troja!"

Ich ahnte, dass mein Vater damit seine Stellung innerhalb des Heeres gefestigt hatte. Zweimal war es ihm bereits vor der Schlacht gelungen, Widrigkeiten zu überwinden. Vielleicht konnte mir Großvater auch vom Kriegsverlauf erzählen? Jetzt aber schien er erschöpft, kaum mehr ansprechbar. Ich hüllte ihn in eine Decke, denn vom Meer stiegen Nebel auf, und wünschte ihm einen guten Abend. Um einiges klüger, lief ich zurück zu unserem Palast.

Neun lange Jahre

Vor den Toren der belagerten Stadt

Ein paar Tage später stand der Herbst über Ithaka. Nach einem langen, heißen Sommer war die Erde erhitzt, und sämtliche Berggipfel waren wolkenumhüllt. Die Nächte waren von großer Feuchtigkeit, die morgens eine dunstgrüne Insel zauberte.
Mutter hatte mir einen Mantel aus Zickleinfell für Großvater mitgegeben. Schon seit ein paar Jahren spürte er schmerzhaft seine Glieder, wenn es kühler wurde, war aber zu stolz, um im Palast nach wärmeren Kleidern zu fragen. Also machte ich mich wieder auf den Weg in seine Eremitei, beladen auch mit Amphoren süßen Weins, Honig und scharf eingelegtem Schafskäse sowie einem von Mutter selbst gewebten Teppich, den Laertes vor den Eingang seiner Hütte hängen konnte.*
Ich hatte alles auf den Rücken meines kleinen Esels gebunden, der mich nun schon ein Leben lang begeleitete und den Weg zu Großvater auch alleine fand. Mein treuer Hund Argos, bald siebzehn Jahre alt, hinkte mir hinterher, und so kam ich mit einer kleinen Karawane bei meinem Großvater an. Ich fand ihn in dem Aprikosenhain hinter seiner Hütte; er hatte die Früchte zum Trocknen in der Sonne ausgebreitet, und ein Lächeln huschte über sein Gesicht, in dem ich manchmal meinen Vater zu erkennen glaubte.

„Telemachos, mein Junge." Er fasste mir grob ins Haar. „Ich versuche den Sommer zu fangen, indem ich ein paar reife Aprikosen trockne, so wie ich die Jahre einzufangen versuche ... die Jahre, die dein Vater nun schon fort ist. Wir gehen in den achtzehnten

Winter, und alles, was ich gehört habe, sind nur Nachrichten aus den zehn Jahren des Krieges. Wo ist er seit sieben Jahren, wo?"
Er ließ seine Hand fallen, und ich strich mir verlegen die Haare zurecht. Ich wollte meinen Großvater nicht traurig machen, war aber unendlich neugierig auf die Geschichte eben dieser ersten zehn kriegerischen Jahre von Vaters Reise.
Ich führte Laertes zu einem sonnenwarmen Plätzchen gleich hinter seinem Brunnen, legte ihm den neuen, warmen Mantel um und goss ihm einen Schluck Wein in einen Tonbecher. Auch mir genehmigte ich nach dem Marsch einen Becher. Den Schafskäse teilte ich mit ihm. Konnte ich es wagen, ihn jetzt nach den Geschehnissen zu fragen, die sich zugetragen hatten, nachdem mein Vater von Aulis aufgebrochen war?
Vorsichtig sprach ich das Thema an, und Laertes begann zu erzählen, als hätte er nur darauf gewartet, als hätten sich all die Nachrichten der Herolde und Kaufleute, die von den Ereignissen in Troja Kunde brachten, bei ihm angestaut.

„Die ersten Hürden hatte dein Vater wohl genommen, seine und Agamemnons Schiffe konnten fort von Aulis segeln. Achilleus war mit an Bord. Man nahm Kurs auf die Küsten Ilions, wo die Stadt Troja noch nichts ahnend den Raub der Helena feierte.
Um nicht erneut den Zorn der Götter auf sich zu ziehen, sollte auch dem Apollon geopfert werden. Die gesamte Flotte, zu der

sich nun auch die sieben Schiffe des Philoktetes gesellt hatten, steuerte die Insel Chryse an.
Diesem Philoktetes haftete ein seltsamer Ruhm an. Als der große Herakles, noch bevor er schließlich unsterblich wurde, sich in Todesqualen selbst einen Scheiterhaufen errichtet hatte und kein Sterblicher es wagte, diesen zu entzünden, hatte Philoktetes den Scheiterhaufen von ferne mit einem Bogenschuss in Flammen gesetzt. Odysseus wusste das und war froh, diesen exzellenten Bogenschützen samt seinem Heer an seiner Seite zu haben.
Auf der Insel Chryse waren die Feierlichkeiten zu Ehren Apollons in vollem Gang – man hatte die in Häute gewickelten Schenkelknochen von Rindern nahe des Wassers verbrannt und Wacholderzweige in das Feuer geworfen, die die Luft würzten. Philoktetes füllte Tuffsteine mit brennendem Harz und schob diese schwimmenden Kerzen in die heranrollenden Wellen, ein Meer von funkelnden Lichtern in der nachtschwarzen See. Plötzlich schrie er auf, wälzte sich wie von Sinnen im Sand, und bald war klar, dass ihn eine Wasserschlange ins Bein gebissen hatte. Auch nach einigen Tagen des Wartens hatte sich die Wunde nicht geschlossen, verbreitete einen eitrigen Gestank, und Philoktetes schrie vor Schmerz – so sehr, dass Odysseus sich entschloss, ihn auf der Insel Lemnos auszusetzen.
Zu diesem Zeitpunkt hatte Odysseus schon das Oberkommando über die gesamte Flotte übernommen, er entschied und führte die Mannschaften. Noch lange hörten die aussegelnden Schiffe das Brüllen des verwundeten Philoktetes – ob aus Zorn oder aus Schmerz, war nicht zu unterscheiden. Sie hatten ihm Pfeile und jenen Bogen gelassen, mit dem er den herakleischen Scheiterhaufen entzündet hatte. Niemand ahnte damals, dass sie Philoktetes einmal bitter nötig brauchen würden – zehn Jahre später, und wieder würde es eine List deines Vaters sein, ihn aus seiner Verbannung nach Troja zu holen.

Nun konnte die Flotte nichts mehr aufhalten. An den Küsten Trojas angekommen, ließ dein Vater seine Schiffe direkt in die Mitte des Strandes ziehen, ein Zeichen, welche Macht er innerhalb der Formation hatte. Er war es auch, der Menelaos auf dem ersten Gang nach Troja begleitete.
Ich weiß nicht, ob sie tatsächlich davon ausgingen, dass König Priamos von Troja die geraubte schöne Helena freiwillig herausgeben würde. Aber ich glaube, dass es eine Strategie deines Vaters war, es zunächst mit Worten zu versuchen. In jedem Fall war es mutig, sogar wagemutig, die Stadtmauern Trojas zu durchschreiten, sich persönlich dem Priamos und seinen Söhnen gegenüberzustellen und die Herausgabe Helenas zu fordern."
Unter Laertes' Augen lagen tiefe Schatten. Sanft drückte ich seine Hand, um ihn zum Weitererzählen zu ermutigen. Aber er schwieg.
„Großvater, was passierte damals?"
Ein Ruck ging durch Laertes, und er nahm stockend seinen Bericht wieder auf.
„Odysseus war mit Menelaos bis zum Palast des Priamos vorgedrungen. Man muss sich das so vorstellen: Vor den Toren Trojas lag eine weite Bucht, an der hunderte feindliche Schiffe ankerten, teils zu Wasser, teils waren sie an Land gezogen worden, so wie die Schiffe von Odysseus' Flotte, die von Weitem rot leuchteten, denn man hatte als Erkennungszeichen ihre Seiten mit mennigegefärbtem Harz angemalt."
Laertes atmete tief und spielte mit einer kleinen Kette aus türkis glasierten Tonperlen, die er zwischen den Fingern wandern ließ.
Mennige kannte ich, es wurde auch bei uns am Hof zum Färben von Wolle verwendet. Ein leuchtenderes Rot war kaum vorstellbar. So sollten die Schiffe, die das Zentrum des riesigen Belagerungsheers bildeten, gestrahlt haben?
Bedrohlich, angriffslustig, siegessicher. Ich konnte mir nicht vorstellen, dass Odysseus vor dieser Kulisse ungestraft nach Troja

spazieren konnte. Laertes sprach weiter, als könnte er meine Gedanken lesen.

„Dein Vater war mutig und siegesgewiss, sonst hätte er das nicht gewagt", sagte er. „Wenn Antenor nicht gewesen wäre, hätte er diesen Versuch nicht überlebt. Antenor gehörte dem Rat der Ältesten rund um König Priamos an und genoss dadurch Immunität*. Kaum hatte Paris Helena nach Troja entführt, war Antenor unter den Ersten gewesen, die forderten, man müsse sie zurückgeben, da sonst Unheil über Troja käme. Er war damit nicht allein, auch Hektor, der Bruder des Paris, forderte dies, aber Paris war trotzig, auch schlicht im Gemüt und sich seines Unrechts nicht bewusst. Und König Priamos war wohl so glücklich, den verlorenen Sohn endlich wieder bei sich zu haben, dass er ihm alles vergab.

Als Odysseus und Menelaos nun nach ihrem Vorstoß, die Sache gütlich zu regeln, im wahrsten Sinne des Wortes aus dem Palast geworfen wurden, ja sogar Hektor und Paris ihnen nachsetzten, um sie umzubringen, versteckten Antenor und seine Frau Theano die beiden in ihrem Haus, bewirteten sie und sicherten ihnen ihre Unterstützung zu, denn Antenor spürte, dass Paris mit dem Raub der Helena Unrecht begangen hatte. So sollte es auch bleiben; den ganzen Krieg hindurch versuchte Antenor, beide Seiten zu versöhnen. Und schließlich war er es dann, der deinem Vater, nachdem die Troer sich jedem Rat entzogen, wichtige Ratschläge gab. Dein Vater konnte sehr gut unterscheiden zwischen Feind und Freund und wusste, dass Freunde nicht immer nur in den eigenen Reihen und Feinde nicht nur unter den Gegnern zu finden sind.

Als Odysseus und Menelaos nach ihrer Rettung durch Antenor unverrichteter Dinge zur ihren Flotten zurückkehrten, beschlossen sie, Troja zu belagern.

Ganze neun Jahre belagerten sie die Stadt ohne nennenswerte Erfolge.

Neun Jahre, in denen sie sich innerlich marterten.

Neun Jahre, die die Trojaner siegessicher machten.
Neun Jahre, in denen die Helden auf beiden Seiten keinerlei Erfolg verbuchen konnten und zu verzweifeln begannen: Agamemnon, Menelaos, Achilleus, Patroklos, Nestor, Aias, Diomedes und natürlich dein Vater auf Seiten der Griechen. Und, neben Paris, allen voran Hektor auf der Seite der Troer, unterstützt durch seine ganze Verwandtschaft.
Das alles ist der sichtbare Teil der Geschichte. Die wahren Lenkenden aber waren die Götter, die ihre ganz privaten Händel in diesem Krieg austrugen.
Hera und Athene als Verbündete der Griechen.
Ares, Apollon und die schöne Aphrodite auf Seiten der Troer.
Was die Troer an sterblichen Helden zu wenig hatten, glichen sie mit göttlichen Fürsprechern aus. Dennoch war eine Athene stärker als drei ihresgleichen, und sie wurde die entscheidende, treibende Kraft in diesem Krieg. Da Götter unermüdlich sind und eine Dezennie* ihnen wie zehn Monde vorkommt, zog sich der Trojanische Krieg hin. Und nur einigen wenigen Sehenden unter den Menschen war es zu verdanken, dass die Götter nicht noch länger ihre Streitigkeiten auf ihrem irdischen Kriegsschauplatz austrugen. Dein Vater war einer dieser Sehenden, der alte Antenor ebenso, auch die beiden Halbgeschwister des Paris, Helenos und Kassandra. Letztere hatte geweissagt, dass Troja untergehen würde, aber niemand glaubte ihr, denn Apollon hatte sie aus verschmähter Liebe mit einem Fluch belegt.
Neun Jahre also vergingen ohne nennenswerte Siege auf der einen oder anderen Seite. Allerdings hatte Odysseus die Zeit nutzen können und erkannt, wer in seinem eigenen Lager Freund oder Feind war. Und es gab einige, die er lieber weit weg als in seinem Heer gesehen hätte. Zwar war er von allen akzeptiert, aber es gab auch Stimmen gegen ihn, vielleicht aus Neid, vielleicht aus alter Feindschaft. Dein Vater konnte, obwohl er oft hölzern wirkt, ja

fast unscheinbar in seiner gedrungenen Gestalt, mit Worten ungeheuer viel erreichen.
Seine klaren Reden wurden von den vielen Soldaten aus unterschiedlichen Volksstämmen und von unterschiedlichem Temperament, aus denen das griechische Heer bestand, gleichermaßen verstanden. Er konnte die Anführer einschwören und Streit schlichten. Ein Heer muss Einigkeit zeigen, um zu siegen.
Viele Freunde hatte dein Vater dennoch nicht in den eigenen Reihen. Einer der wenigen war Diomedes. Von ihm ist mir einiges berichtet worden, was mich glauben lässt, dass dein Vater noch am Leben ist. Denn Diomedes ist nach dem Sieg über Troja wohlbehalten nach Hause gelangt. Ihm hat Odysseus blind vertraut, mit ihm einige schwerwiegende Entscheidungen getroffen, die schließlich die Wende in diesem Krieg brachten. Und beide waren Lieblinge der Athene, die nach neun langen Jahren ein Ende des Kriegs zuließ.
Die Griechen wollten schon fortsegeln – zu viele Jahre waren sinnlos vergangen –, als Athene deinen Vater überredete, die letzten entscheidenden Schlachten zu schlagen. Und dein Vater brachte es fertig, ein Heer von Zehntausenden von Männern noch einmal so anzufeuern, dass sie die Rüstungen über die groben Leinenhemden zogen, Schilde und Helme neu bewehrten und alle Energien gegen Troja lenkten. Neun Jahre Ruhe vor dem Sturm, den dein Vater zum Lodern bringen sollte. Mit Hilfe des Diomedes und unter dem Schutz der unerschrockenen Athene.“

Als Laertes hier innehielt, ging die Sonne bereits unter, schickte rot glühende Strahlen über Meer und Himmel, anders als die rosenfingrige, safrangewandete Göttin der Morgenröte, Eos, die pastellene Töne liebte. Meinem Großvater war der Kopf auf die Brust gesunken, und ich deckte ihn mit dem Zickleinfell zu, das ihn auch vor den kühlen Nebeln schützen würde.

Kampf der Götter
Der Tod des Achilleus

Es sollte eine ganze Weile dauern, bis Großvater dazu zu bewegen war, die Geschichte weiterzuerzählen. Vielleicht hatte er in der Zwischenzeit auch neue Kunde bekommen, ich weiß es nicht – und ehrlicherweise fürchtete ich mich auch ein wenig vor der Wahrheit, so sie es denn war. Denn wie meine Mutter konnte auch ich mir vorstellen, dass die Geschichten sich verselbständigten, wenn sie weitererzählt wurden.

Es war an einem jener Tage, an denen sich die Freier an unserem Hof im Wettkampf messen wollten, und sie waren mit Bergen Proviant zum Strand aufgebrochen, um dort dionysische Spiele* zu feiern, wie sie sagten. Für meinen Geschmack feierten sie die sowieso schon jeden Tag in unserem Palast, der kaum noch wiederzuerkennen war. An Ordnung war nicht mehr zu denken, wir verwalteten nur noch das Anwesen, und ich hoffte, dass meine Mutter mit ihrer Lüge vom Totentuch noch recht lange durchkommen würde. Die Meute der Freier wurde angriffslustig, und ich spielte bereits mit dem Gedanken, aufzubrechen, um Vater zu suchen oder anderweitig Hilfe zu holen.
Mit einem Schafskäse, Trauben, Honigwein und einer weichen, gefilzten Decke hatte ich mich wieder zu Großvater aufgemacht. Sein Haar war noch weißer geworden und stand ihm wirr ums Gesicht. Nun sah er nicht mehr aus wie ein ehemaliger König, sondern wie ein Bettler. Aber als hätte er darauf gewartet, begann er nach ein paar Bissen mit der Fortsetzung der Geschichte.

Athene und Odysseus. Griechische Vasenmalerei

„Nicht nur Athene beeinflusste deinen Vater, den Krieg zu Ende zu bringen, auch die Zustände im griechischen Heer verlangten danach, die entscheidende Schlacht zu wagen. Odysseus sah die Streitigkeiten zwischen Agamemnon und Achilleus, zwischen ihm und dem Kämpfer Aias aus Lokris und auch mit dessen ebenso kämpferischen Namensvetter, dem telamonischen Aias.
Und er dachte an die Weissagung des Sehers Kalchas, der in neun von der Schlange gefressenen Vögeln gesehen hatte, dass neun Jahre vergehen mussten, ehe die Entscheidung um Troja erzwungen werden konnte.
Odysseus' größte Leistung war es bislang gewesen, den Frieden innerhalb seines Heers zu bewahren. Allerdings wäre dies ohne seinen Gefährten Diomedes wohl kaum gelungen. Mit ihm hatte er nicht nur einen Getreuen, sondern auch einen mächtigen Partner. Diomedes war mit achtzig Schiffen nach Troja gekommen, mit einer der größten Flotten überhaupt.
Schon zu Beginn des Kampfes um Troja hatte Diomedes deinem Vater in einer wichtigen Sache beigestanden: der Rache an Palamedes. Du erinnerst dich, jener Mann im Schatten Agamemnons, der deinen Vater von hier fortgeholt hat. Dein Vater kann gütig

sein, großzügig, auch nachsichtig, doch wer ihn einmal bloßgestellt hat, ihn zwingt, etwas gegen seinen Willen zu tun, den wird er mit Rache überziehen. Das Gefühl der Schmach nagt an ihm, bis alles gesühnt ist. Das war immer schon so und hat es ihm letztlich immer schwer gemacht, Freunde zu finden. Es muss schon ein starker, unabhängiger und intelligenter Charakter sein, der deinem Vater Paroli bietet und von ihm akzeptiert wird. Verrat und Verschlagenheit sind ihm ein Gräuel. Und so hat er sich an Palamedes fürchterlich gerächt. In eine Falle hat er ihn gelockt, ihm mit Diomedes' Hilfe eine Menge Gold untergeschoben und einen gefälschten Brief in Umlauf gebracht, wonach Palamedes das Gold als Belohnung von den Troern bekommen habe, weil er Geheimnisse verraten hatte. Agamemnon erfuhr davon und ließ Palamedes steinigen. Und dein Vater hatte einen Feind weniger in den eigenen Reihen."

„Aber das ist doch furchtbar! Und ungerecht!?" Ich wollte nicht glauben, was Laertes mir erzählte, denn bei allem Verständnis für Rache, diese List meines Vaters war mindestens so hinterlistig wie das, was Palamedes getan hatte.

„Schau, Telemachos, dein Vater ist kein geduldiger Mensch. Was sich ihm in den Weg stellt, versucht er zu beseitigen. Palamedes hatte ihm während des Kriegs unaufhörlich zugesetzt, hatte intrigiert und sich auch immer für besonders klug gehalten mit seinen Würfeltricks und Zahlenspielen. Odysseus konnte sich seiner nie sicher sein. So hat er das Allgemeinwohl über das Wohl des Einzelnen gestellt. Jemand, der seine Autorität anzweifelte, würde das ganze Heer irgendwann gegen ihn aufstacheln, das konnte sich Odysseus als Führer der Griechen nicht erlauben!"

Laertes blickte in die Ferne, auf irgendeinen Punkt inmitten der Macchia*, die überall auf Ithaka die Felsen mit stachligem Pelz überzog. „Du sagst, Odysseus war der Führer, Großvater. Hat Vater denn selbst nicht gekämpft?"

„O doch, natürlich, auch wenn er nicht so stürmisch wie Diomedes war, der sich als ein herausragender Kämpfer erwies, als schließlich im zehnten Jahr die großen Schlachten um Troja begonnen hatten. An nur einem Tag hatte Diomedes den trojanischen Fürsten Pandaron getötet und Aeneas verletzt, er verfolgte Hektor, der mutig das trojanische Heer anführte, rettete Nestor und legte sich sogar mit den Göttern an: Er verwundete Ares und Aphrodite.
Mit Diomedes hatte Odysseus also einen unerschrockenen Freund. Zwei Mal zogen beide aus, um das trojanische Lager auszukundschaften. Einmal gab Diomedes deinem Vater Rückendeckung, als er in Lumpen, als Bettler verkleidet, nach Troja ging und sich Helena zu erkennen gab, die ihm die Pläne der Troer verriet. Du siehst, Telemachos, dein Vater, der ja mit sieben Schiffen ein vergleichsweise kleines Heer mitbrachte, suchte rastlos nach der Lösung, wie dieser Krieg zu gewinnen sei, und tötete auf seinen Erkundungen nicht wenige Troer und deren Verbündete.
Mir wurde eine weitere Geschichte überbracht, die auf den ersten Blick grausam scheint. Doch wenn man es recht bedenkt, haben Odysseus und Diomedes in nur einer Nacht verhindert, dass die Troer noch größeren Schaden unter den Truppen der Griechen anrichten konnten. Die unerquickliche Lage hatte nicht nur die Heere der Griechen ermüdet, sondern auch deren Führer. Schlampigkeit und Unachtsamkeit hatten sich eingeschlichen. Menelaos ließ nachts nur wenige Wachen aufstellen; die Schiffe, die weit voneinander entfernt an verschiedenen Buchten vor Troja lagen, waren nur unzureichend gesichert. Einzig Nestor ging allen mit seinen Erinnerungen an frühere Schlachten auf die Nerven. Keiner hörte mehr hin, wenn er sprach, alle hatten fast zehn Jahre lang von Nestors Verdiensten bei den Olympischen Spielen, Nestors Verdiensten beim Überfall auf Elis und so weiter und so fort gehört. Immer und immer wieder hatte der Alte seine Heldentaten gepriesen. Nestors Worte wogen nicht mehr, er hatte zu viel geredet.

Bronzefigur eines Wagenlenkers aus Olympia. Der Wagenlenker hielt die Zügel, während sein Herr, etwa Achilleus oder Odysseus, vom Wagen aus seinen Speer gegen den Feind schleuderte oder mit dem Schwert in der Hand auf die Erde sprang.

Aber dein Vater hörte immer noch hin. Und als eines Nachts Nestor in Odysseus' Zelt kam, warf er ihn nicht hinaus, sondern hörte ihm zu, und das, obwohl er gerade eingeschlafen war, bevor ihn der alte Mann wach gerüttelt hatte und ihm seine Sorge mitteilte: Dass er fürchtete, die Troer könnten sie ausspionieren, und dass diese Nacht dafür am besten geeignet wäre. Odysseus war sofort hellwach. Natürlich, die Troer kannten rund um ihre Stadt jeden Strauch, sie würden völlig unbemerkt hierher kommen können. Im besten Fall nur ein Mann, der als Spion ausgeschickt wurde, im schlechtesten Fall gleich ein ganzes Heer, das die schlafenden Griechen niedermetzeln würde.

Inzwischen waren auch die engsten Gefährten aufgewacht, und Odysseus wählte einen aus ihrer Mitte, ihn zu begleiten: Diomedes. Viel Zeit blieb ihnen nicht mehr in dieser Nacht, die rosenfingrige Eos würde bald ihr erstes Lächeln schicken. Nur spärlich ausgerüstet, wollten die beiden deshalb schnell aufbrechen, dein Vater zunächst nur mit einer Sturmkappe aus Stierhaut, bis ihm ein Helm gereicht wurde, der ihn schon in vielen Schlachten und Siegen begleitet hatte. Fest aus Riemen gefertigt muss er gewesen sein, mit einem Innenfutter aus Filz und einer nach allen Richtungen abstehenden Reihe von Eberzähnen, die den harten Helm zusätzlich bewehrten. Ein anderer reichte ihm ein zweischneidiges Schwert und wieder ein anderer Bogen und Köcher. Über die linnenen Hemden hatten Odysseus und Diomedes bunte Schulterschilde gezogen. Die Sandalen wurden mit Schaffellen umwickelt, um ihren Tritt geräuschlos zu machen.

Tatsächlich waren sie nicht weit gegangen, als ihnen Dolon, einer von Hektors tapfersten Männern, in die Hände fiel, der bereits bis zu den griechischen Schiffen herangekommen war. Gewinselt und gebettelt hat er, Lösegeld angeboten, das man den Griechen für ihn zahlen würde, wenn sie ihn nur wieder nach Troja zurückkehren ließen.

An dieser Stelle muss Athene deinem Vater einen unendlichen Zorn eingegeben haben.

Zorn über die eigenen Männer, die schon so müde waren, dass sie den Troern Stück um Stück die Macht und die Vorherrschaft auf dem Schlachtfeld überließen.

Zorn auf den Krieg, der um einer lockigen Schönen willen geführt wurde und der sie nun schon so viele Jahre gekostet hatte.

Zorn auf den winselnden Dolon, der vor ihm im Staub lag und scheinbar dachte, es handle sich um einen Jungenstreich, den man frech mit einem Handel aus der Welt schaffen könne.

Mit nur einem Hieb muss Odysseus ihm die Kehle durchschnitten haben.

Aber seine Wut wurde nicht weniger. Dein Vater spürte, dass sie Dolon nicht weit vom Rest seiner Truppe gefasst hatten, und als er mit Diomedes weitersuchte, fand er ein friedlich schlummerndes troisches Trüppchen von dreizehn Männern und ebenso vielen Pferden. Diomedes und Odysseus müssen von Athene in eine Art Blutrausch versetzt worden sein, denn sie ließen niemanden am Leben, nahmen die Pferde und kamen im Triumph zum Lager zurück, wo sie von einem stolzen Nestor empfangen wurden. Endlich hatte einer seinen Ratschlägen Gehör geschenkt! Diese Taten brachten nicht nur Nestor, sondern auch deinem Vater Respekt ein, und nicht nur das. Odysseus bewies damit auch seine Streitkraft, denn Reden allein machte in solchen Zeiten keinen Helden aus einem Mann."

Laertes riss die Arme in die Höhe, dass ich erschrak, und er schrie laut: „O ihr Götter, o unergründliche Athene, die du nie nachgegeben, die du nicht verlieren kannst!"

Ich muss Großvater fassungslos angeschaut haben, denn ungehalten fuhr er fort:

„Die Zeiten waren so. Es war Krieg, und neun Jahre Warten, neun Jahre fern seiner Frau und seines einzigen Kindes haben deinen Vater zu einem unerbittlichen Kämpfer gemacht. Während auf dem Schlachtfeld sich die griechischen und trojanischen Helden gegenseitig niederrangen, versuchte dein Vater, die wahren Gründe für die Uneinnehmbarkeit Trojas zu ergründen. Ihm war klar, dass göttliche Machenschaften den Gang der Ereignisse bestimmten und alles irdische Gemetzel sinnlos machten. Es galt herauszufinden, welche Gebote der Götter erfüllt werden mussten. Und dabei brauchte er nicht nur Kalchas, den Seher der Griechen. Bei einem seiner Streifzüge mit Diomedes hatte Odysseus den Seher der Troer, Helenos, gefangen genommen. Helenos gestand ihm, dass die Griechen erst eines der hölzernen Athene-Standbilder, das Palladion*, aus Troja holen müssten. Nur so würde die Stadt einnehmbar sein. Deinem Vater gelang es tatsächlich, das Heiligtum aus Troja zu entführen.

Doch kaum hatte er diese Hürde genommen, erhob sich die nächste vor ihm. Agamemnon hatte bei der Eroberung der Insel Chryse, die vor Troja liegt, Chryseis, die Tochter des dortigen Priesters, entführt und zu seiner Konkubine gemacht. Nichts Ungewöhnliches in Zeiten des Krieges, aber Chryseis stand unter Apollons Schutz, und Apollon war auf Seiten der Troer. Chryseis' Vater bat um die Rückgabe seiner Tochter gegen Lösegeld. Dieser Bitte widersetzte sich Agamemnon, und selbst von deinem Vater konnte er nicht umgestimmt werden. Als daraufhin eine Pestepidemie das griechische Heer so sehr geschwächt hatte, dass die Griechen schon an Aufgeben dachten, erfuhr dein Vater von Kalchas, dass sie Chryseis zurückbringen mussten, um die Pest abzuwenden."

Ich rutschte unruhig auf meiner Bank hin und her, wusste nicht, was ich von dem, was ich über meinen Vater hörte, halten sollte. Er schien grausam, aber er suchte auch Lösungen, die mehr im Reich des Göttlichen lagen denn in der Realität. Wer war mein Vater? War er den Göttern näher als den Menschen? Was machte ihn so überlegen?

Laertes schien denselben Gedanken zu haben.

„Es lag zu diesem Zeitpunkt einzig in der Hand deines Vaters, das Schicksal zu wenden. Er musste Agamemnon überreden, und der willigte schließlich ein, allerdings unter einer Bedingung: Er wollte als Ersatz für Chryseis, die er angeblich so sehr liebte, die Geliebte des Achilleus, die schöne Briseis, haben.

Kaum hatte Agamemnon Chryseis ihrem Vater zurückgegeben, ebbte die Pest ab.

Dann nahm Agamemnon Briseis ungefragt zu seiner Konkubine und brüskierte damit Achilleus so sehr, dass dieser aus Wut sich und sein Heer der Myrmidonen von der Schlacht zurückzog. Niemals wollte er wieder für die Griechen gegen Troja kämpfen. Dein Vater ahnte das Unheil, Kalchas hatte es bereits geweissagt: Ohne Achilleus war Troja uneinnehmbar. Und nicht nur das. Achilleus hatte seine Mutter Thetis gebeten, ihren Vater Zeus dazu zu bringen, das Kriegsglück gegen die Griechen zu wenden. Und Thetis war nur allzu bereit dazu, wusste sie doch, dass ihr Sohn entweder in Troja sterben oder ruhmlos das Greisenalter erreichen, wenn nicht gar unsterblich werden würde.

Odysseus schien so etwas geahnt zu haben, als er versuchte, Achilleus zu überzeugen, er müsse zurückkehren. Doch Achilleus hatte sich weit entfernt vom griechischen Lager in die Nähe der Schiffe zurückgezogen. Nicht einmal sein Gefährte Patroklos konnte Einfluss auf ihn nehmen. Der Fortgang des Kriegs ließ Achilleus kalt; er sah sein Glück zerstört und wollte Rache nehmen an Agamemnon, wollte vom Weltgeschehen nichts mehr wissen. Tatsächlich gelang den Troern in dieser Situation ein Ausfall. Sie gelangten bis zu den Schiffen der Griechen, steckten eines sogar in Brand. Doch selbst das konnte Achilleus nicht zur Rückkehr bewegen.

Odysseus muss unendlich wütend gewesen sein. Er brauchte Achilleus. Doch der aufbrausende junge Mann war auch durch die Worte deines Vaters nicht zu besänftigen, der in einem Gastmahl den Göttern opferte und dann Achilleus zur Rückkehr bewegen wollte, nachdem schon Nestor dies vergeblich versucht hatte.

Bis, ja, bis eines Tages Patroklos das Unglück der Griechen, die eine Schlacht nach der anderen verloren, nicht mehr mit ansehen konnte und seinen Freund Achilleus um dessen Rüstung bat. Dann führte Patroklos das Heer des Achilleus zurück in die Schlacht, und das Blatt wendete sich. Die Troer wurden zurückgedrängt, aber ihr Anführer, der unerschrockene Hektor, stellte sich Patroklos in einem Zweikampf. Odysseus musste tatenlos zusehen, wie Patroklos durch die Hand Hektors, geführt von Apollon, fiel. Hektor nahm sich darauf die Rüstung des Patroklos, die ja Achilleus gehörte, und zog triumphierend nach Troja zurück.

Jetzt brauchte es keine Überredungskunst mehr – Achilleus stürzte, blind vor Schmerz um seinen geliebten Freund, zurück in die Schlacht, und mit Hilfe von Athene lockte er Hektor in eine Falle. Fürchterlich war seine Rache. Er tötete Hektor und schleifte den Leichnam tagelang um die Mauern Trojas, ehe er Priamos übergeben werden konnte.

Paris als Bogenschütze. Relief vom Giebel eines griechischen Tempels. Die alte farbige Bemalung ist in der Glyptothek, dem Antikenmuseum in München, rekonstruiert worden.

Darauf fielen beide Seiten in einen wahren Blutrausch, und es begannen erbitterte Schlachten. Schließlich fiel Achilleus – in die Ferse getroffen ausgerechnet durch einen Pfeil des Paris, der sich bis dahin aus so manchem Zweikampf fortgestohlen hatte. Odysseus musste Aias aus Telamon Rückendeckung geben, damit dieser die Leiche Achilleus' bergen konnte.
Bald darauf stritten sich dein Vater und Aias um Achilleus' Rüstung. Aber dein Vater konnte mit geschliffener Rede mühelos die Gefolgsleute davon überzeugen, dass ihm die Rüstung zustand. Und was tat der tapfere Aias? Er wollte Odysseus töten! Aber Athene hatte ein Auge auf ihren Schützling und belegte Aias mit Wahnsinn – er beging Selbstmord mit dem Schwert, nachdem er im Wahn statt Odysseus eine Schafherde niedergemetzelt hatte.
Du siehst, Telemachos, die Moral der Griechen war dahin. Dein Vater musste ein Ende des Krieges herbeiführen. Und dabei hat er nicht immer weise gehandelt."

Die größte List
Das Trojanische Pferd

Es war schon spät, als Laertes seine Geschichte beendete. Ich übernachtete bei ihm, obwohl sein schmales Bett kaum Platz genug bot und ich mitten in der Nacht auf die Ziegenfelle auswich, die Großvater in einer Ecke seiner Hütte gestapelt hatte. Früh schon war Großvater wach, kam mit einem Krug frischer Ziegenmilch zu mir, und ich trank und wartete auf die Fortsetzung der Geschichte. Umständlich begann er zu erzählen.

„Nach Achilleus' und Hektors Tod und nach der Abwehr eines Überfalls der Troer auf die Schiffe der Griechen war eine Situation eingetreten, aus der selbst Odysseus keinen Ausweg mehr sah. Bis ihm Helenos verriet, dass er Philoktetes mit seinen Bogenkünsten nach Troja holen müsse, um die Sache voranzutreiben.
Kannst du dich noch an Helenos erinnern? Ich erzählte dir schon von ihm, er war der Halbbruder des Paris und der Seher der Troer, bis er zu den Griechen überlief oder von ihnen gefangen genommen wurde, genau lässt sich das nicht sagen.
An Philoktetes hatte dein Vater kaum mehr gedacht, nachdem er ihn zehn Jahre zuvor wegen des unheilbaren Schlangenbisses auf Lemnos zurückgelassen hatte. Er wusste, dass Philoktetes' Wut auf ihn riesig war. Wie sollte er ihn überreden, sich ihm wieder anzuschließen? Er entschloss sich, nicht allein zu Philoktetes zu segeln, sondern zusammen mit Achilleus' Sohn, Neoptolemos, und seinem Freund Diomedes. Doch die Sache wäre wohl auch so erfolglos verlaufen, wenn sich nicht der göttliche Herakles ein-

gemischt hätte, der Philoktetes befahl, mitzugehen, um in Troja geheilt zu werden.
Odysseus spürte, dass der Verursacher des Kriegs fallen musste, ehe Troja fallen konnte. Der Verursacher aber war Paris, der sich bislang wenig heldenhaft durch die Kriegswirren gewunden hatte. Bei einem seiner seltenen Zweikämpfe, ausgerechnet gegen Menelaos, hatte Paris' Schutzgöttin Aphrodite den Kinnriemen seines Helms reißen lassen, an dem ihn Menelaos durch den Staub zog, und ihn in einer Nebelwolke aus dem Gemenge entführt. Einmal jedoch hatte er tatsächlich Kriegsgeschick bewiesen, nämlich als er den tödlichen Stoß gegen Achilleus führte, wenn auch nur mit Apollons Hilfe. Ansonsten blieb er den Schlachten fern, die sein Bruder Hektor so unerschrocken führte. Philoktetes aber, den Odysseus aus der Verbannung zurückgeholte hatte und dessen eitrige Wunde von den Söhnen des heilkundigen Asklepius geheilt wurde, gelang es schließlich, den tödlichen Pfeil auf Paris abzufeuern. Ein entscheidender Schlag gegen die Troer, doch für diese nicht Grund genug, sich zu ergeben.
Kurz darauf muss Kalchas deinem Vater ein Orakel geweissagt haben: Nur durch ein hölzernes Pferd sei Troja einzunehmen. Aber was war damit gemeint?
Vielleicht erinnerte ihn dieses „hölzerne Pferd" an die Geschenke, die sein Großvater Autolykos ihm hatte machen wollen, sobald er fähig gewesen wäre, auf den Parnass zu steigen. Geschenke, die er nie bekommen hatte; stattdessen hatte er dort eine Wunde an der Hüfte davongetragen. Vielleicht tat ihm wieder einmal die Narbe dieser Verletzung weh, als seine Gedanken um das hölzerne Pferd und die Bedeutung von Geschenken kreisten.
Jedenfalls hatte Odysseus die Idee, den Troern zum Abschluss eines zehnjährigen, sieglosen Kampfes ein Geschenk zu machen, das sie nicht vergessen sollten. Er ließ einen seiner besten Baumeister ein Gestell konstruieren, das, reich verziert, einem riesi-

gen Pferd glich. Der Körper war hohl und durch Leitern zu erreichen; die Beine, die auf doppelten Rädern lagen, maßen vier Mann hoch. Der Kopf des Pferdes war von Künstlern des Heeres bemalt und von Goldschmieden mit Zaumzeug versehen worden. Ein gigantischer Sattel aus Bronzeplättchen lag über dem Rücken, darunter eine mit leuchtenden Pflanzenfarben gemalte Schabracke*, die verbarg, was kaum einer sah, fein ziseliert und scheinbar als mäanderndes Muster: viele kleine Luftlöcher. Das Innere des Körpers hatte zwei Ebenen, sodass viele Männer übereinander darin Platz finden konnten. Strickleitern an drei Ausgängen am Bauch lagen bereit. Die Wände des Pferdebauchs waren mit Filzlappen verkleidet, um jeden Schall zu dämpfen, an den Wänden waren Halterungen aus Leder angebracht, um die Waffen daran zu befestigen.

Odysseus ließ den Troern eine Nachricht überbringen: Die griechischen Heere würden abfahren, zehn Jahre Krieg seien genug, die größten Helden der Griechen gefallen, Troja uneinnehmbar. Als Entschädigung für Erlittenes würde man Troja ein Geschenk überlassen, ein Heiligtum in Form eines Pferdes. Lediglich ein Tor müsste verbreitert und erhöht werden, damit das Kunstwerk in die von Mauern umgebene Stadt gezogen werden könnte.

Das prächtige hölzerne Standbild wurde auf die Ebene vor dem Skäischen Tor gebracht, dem größten Stadttor Trojas, und die Dinge nahmen ihren Lauf, als ..."

Großvater räusperte sich, fasste sich an die Brust und war nicht mehr zum Weitererzählen zu bewegen. Ein Hustenanfall streckte ihn nieder, hohes Fieber schüttelte ihn. Es sollte Monate dauern, bis ich das Ende der Geschichte hören durfte – und das nicht von Laertes, sondern von Menelaos, genau dem Menelaos, der einst zum Trojanischen Krieg aufgerufen hatte.

Das Ende des Krieges
Die Schlacht um Troja

Als ich an diesem Abend Großvater verließ, ahnte ich, dass er schon sehr krank war. Kurz darauf ließ ihn meine Mutter in einen abgelegenen Teil des Palastes bringen. Er konnte nicht mehr sprechen, hustete unaufhörlich. Die Mägde flößten ihm Zitronenwasser und Honig ein, kühlten ihm die Stirn mit in Essig getauchten Schwämmen, ließen ihn einen Sud aus Salbeiblättern trinken und rieben ihm die Haut mit grobem Leinen ab. Großvater hatte es beim Erzählen buchstäblich die Sprache verschlagen. Die Lungen versagten ihren Dienst, und Fieber zehrte an ihm.

Ich war mittlerweile neunzehn Jahre alt geworden, hatte viel über meinen Vater erfahren und konnte mir doch immer noch kein Bild von ihm machen. Sah nur, wie sein Hof verkam, wie die Freier meiner Mutter so sehr zusetzten, dass ich fürchtete, die Männer nicht mehr lange im Zaum halten zu können, obwohl ich an Stärke und Respekt gewonnen hatte.
Eines Tages hatte ich mich wieder durch die Menge der prassenden Freier gedrängt. Es waren so viele, dass sie kaum mehr Platz in unseren Hallen hatten. Wege und Vorhöfe des Palasts waren in eine Hölle des Spiels, der Trunksucht und der Hurerei verwandelt. Ich sah, wie unsere Dienerinnen und Herolde den fremden Fürstensöhnen die Füße wuschen; sah sie unser Fleisch essen, das ich lieber den Göttern geopfert hätte; sah die Versuche unserer Mägde, mit großporigen Schwämmen ein wenig Ordnung und Sauberkeit auf den überladenen Tischen zu

schaffen – als ich eine fremde Gestalt in all dem Gemenge entdeckte.
Hoch aufragend, mit einer Lanze, stand sie ein wenig abseits, niemand bot ihr zu essen oder zu trinken an. Ich näherte mich der Gestalt und erstarrte, als sie mir das Gesicht zuwandte. Ein strahlendes, vollkommen symmetrisches Gesicht, männlich und weiblich zugleich. Der Fremde stellte sich als alter Freund meines Vaters vor, und anders als bei jenen, die das in den vergangenen Jahren schon behauptet hatten, um dann auf unsere Kosten am Hof zu leben, glaubte ich ihm. Zu viel wusste er über meinen Vater, den er angeblich den ganzen Trojanischen Krieg über begleitet hatte und ihm dort vor bald zehn Jahren das letzte Mal begegnet war. Endlich erfuhr ich, dass Odysseus tatsächlich das Ende des Kriegs erlebt hatte – aber gerade in dem Augenblick, als ich den Fremden nach der letzten, entscheidenden Schlacht fragen wollte, schnitt er mir das Wort ab und sagte: „Du bist deinem Vater an Gestalt und in Form der Augen sehr ähnlich. Such ihn! Nur er wird dir helfen können, diese Horde Männer zu vertreiben. Ich weiß, er lebt. Ruf morgen den Rat zusammen und sag den Freiern, dass sie anderswo weiterfeiern oder dir zumindest ein Jahr Zeit geben sollen, deinen Vater zu finden. Geh erst zu Nestor und such dann Menelaos auf. Er hat als einer der Letzten seine Heimat erreicht und könnte noch einiges von deinem Vater wissen."
Keinen Sterblichen hatte ich je so klar reden hören. Der Fremde war unheimlich und freundlich zugleich, ganz offensichtlich wirklich ein Freund meines Vaters. Ich wollte noch mehr fragen, doch er hatte sich schon wie ein Lufthauch entfernt. Schlagartig wurde mir klar: Es war Athene. Athene, die mich auf die Suche nach meinem Vater schickte und mir die Kraft gab, den Freiern und Schmarotzern gegenüberzutreten.
Tatsächlich muss sie mir an diesem Abend Kraft verliehen haben, und sie schenkte mir zudem einen tiefen, erholsamen Schlaf, denn

am nächsten Tag, bei meiner Rede auf dem Marktplatz, wuchs ich über mich hinaus. Mentor, ein alter Gefährte meines Vaters, meinte sogar, ich hätte wie Odysseus selbst geklungen. Es gelang mir nicht, die Freier zum Abreisen zu bewegen, aber zumindest ein Jahr Frist würde ich haben – und das, obwohl sie entdeckt hatten, dass meine Mutter das Totentuch nachts wieder auftrennte, und die Männer sie deshalb gezwungen hatten, es zu Ende zu weben. Mentor sollte sich in meiner Abwesenheit um alles kümmern; ihm würde man aus Respekt vor der Weisheit des Alters nichts antun.
Ein Jahr hatte ich Zeit, meinen Vater zu finden – mit Hilfe der Götter. Ich ließ ein Schiff mit zwanzig Ruderern klarmachen, nahm Gerstenmehl in Schläuchen und Wein in tönernen Krügen mit, sammelte einige der Treuesten um mich und versicherte meiner Mutter, die mich nur schweren Herzens gehen lassen wollte, dass ich bald wiederkäme. Mit oder ohne Odysseus.

Wie mir Athene geraten hatte, steuerte ich zuerst Pylos an, um dort Nestor, den alten, erfahrenen Mitstreiter meines Vaters zu befragen. Er wusste nur wenig von den genauen Ereignissen der letzten Schlacht zu berichten, denn er war aufgrund seines Alters auf dem Schiff geblieben. Aber er vervollständigte das Bild meines Vaters. Erklärte mir all die Ungereimtheiten, die ich nicht verstand: Odysseus' Grausamkeit einerseits, seine Weitsicht und dass er tat, was er dachte, und nicht mit doppelter Zunge sprach. Dass er einer der Wenigen gewesen war, die nach neun Jahren zermürbender Belagerung einen kühlen Kopf behielten, um endlich das Ende herbeizuführen. Von Nestor erfuhr ich auch, dass kaum eines der griechischen Heere wohlbehalten nach Hause zurückgekehrt war: Sie mussten, anders war es nicht zu erklären, die Götter beleidigt haben, hatten ihnen vielleicht nicht genügend gedankt, ihnen nicht genügend Opfer dargebracht oder ihre Heiligtümer entweiht. Nestor wusste allerdings auch zu berichten, dass ausgerechnet Odysseus, nachdem er als einer der Ersten von Troja abgesegelt war, noch einmal zurückgekehrt war, um Athene ein Opfer darzubringen.

Was war es also, das meinen Vater da draußen festhielt? Oder war er doch umgekommen wie so viele Bundesgenossen, von denen Nestor erzählte? Und immer noch fehlte mir ein Teil der Geschichte: Was war geschehen, nachdem das Trojanische Pferd gebaut worden war? War mein Vater in diesem Pferd gewesen? Was hatte die Götter so beleidigt, dass sie ihn nicht zurückkehren ließen?

Ich verließ Pylos und suchte König Menelaos im schluchtenreichen Tal von Lakedaimon* auf.

Menelaos empfing mich freundlich, ja sogar überschwänglich. Immer wieder fuhr er sich über die glänzenden Augen: Zu sehr ähnelte ich meinem Vater, sagte er. Die schöne Helena saß unverändert jung an seiner Seite und zeigte nicht die Spur von Erfahrung, Reife oder gar Reue. Kaum beteiligte sie sich an der Erzählung, in der mir Menelaos bei einem üppigen Mahl die letzten Tage von Troja schilderte und auch die letzten Tage, an denen er meinen Vater, Odysseus, gesehen hatte.

„Du musst wissen, Telemachos, die Troer waren auch nach zehn Jahren unerbittlicher Belagerung noch eitel genug, sich durch Geschenke, selbst wenn sie von Feinden kamen, geschmeichelt zu fühlen. Odysseus wusste das und war sicher, dass sie auch das Geschenk der Griechen annehmen würden. Und genau das taten sie, noch nicht einmal sonderlich überrascht, dass die Griechen nach zehn Jahren der Belagerung nun aufgaben.

Niemand in Troja hatte Odysseus richtig eingeschätzt. Hektor und Paris waren tot, und Helena, meine Frau, hatte inzwischen einen anderen Mann an ihre Seite bekommen und wollte sich, zu ihrem eigenen Schutz, nicht entscheiden: Weder sagte sie, sie wolle zurück zu mir, noch war sie glücklich in Troja. Vielleicht hat ihr diese unentschiedene Haltung das Leben gerettet. Einerseits erklärte sie den Troern, was sie über die griechische Streitmacht wusste, andererseits verriet sie Odysseus nicht, als sie ihn auf einem seiner Streifzüge durch Troja erkannt hatte."

Menelaos schenkte seiner Frau einen Blick, der zwischen Bewunderung und Ratlosigkeit schwankte, fuhr aber gleich fort:

„Odysseus hatte die Troer richtig eingeschätzt. Er wusste auch, dass sie keinen Seher mehr hatten, denn Helenos war ja im Lager der Griechen. Und er hatte noch einen Trumpf in der Hand: Sinon, ein entfernter Verwandter, der mit ihm gekämpft hatte, ebenfalls ausgestattet mit List und Unerschrockenheit.

Als der Tag der Übergabe des hölzernen Pferdes kam, ließen die Griechen das prachtvolle, goldglänzende Standbild vor den Mauern Trojas zurück und ... segelten ab. Sämtliche Schiffe, die ein Jahrzehnt die Küsten vor Troja verdunkelt hatten, wurden zu Wasser gelassen, lichteten die Anker und verschwanden alsbald hinter den Felsen und Buchten. Die Sonne schien unbarmherzig auf das verwüstete Stück Land, das sie zurückgelassen hatten. Da und dort waren Zeltstangen, Bronzetöpfe, Seile, Schläuche aus Ziegenhaut liegen geblieben, ihre Zelte hatten die Griechen einfach abgebrannt. Die Latrinen aus Lehm standen verloren in der kargen, felsigen Landschaft, und inmitten dieser Apokalypse: ein glänzendes Pferd, in ihm die tapfersten Helden, die die Griechen noch hatten, angeführt von einem einzigen Mann – Odysseus.

Die Troer wussten nichts davon, sie ahnten nicht einmal einen Hinterhalt. Sie hatten nur Augen für das Pferd, das sie respektvoll aus der Ferne betrachteten. Keiner näherte sich, geschweige denn zog es näher an die Tore der Stadt.

Da entdeckten sie Sinon. Scheinbar war er nicht schnell genug auf eines der griechischen Schiffe gelangt und damit ein willkommener Kriegsgefangener, den die Troer zu guter Letzt noch

Die Trojaner bringen das hölzerne Pferd in ihre Stadt.

nehmen wollten. Und auch hier hatte Odysseus die Feinde richtig eingeschätzt. Sie waren in einem solchen Glückstaumel, dass sie gönnerhaft Sinon am Leben ließen. Der erklärte ihnen nun, dass Odysseus ihn hasste, weil er, Sinon, immer auf Seiten des Palamedes gewesen sei, den Odysseus aus Rache getötet habe. Und schließlich offenbarte er ihnen, dass das hölzerne Pferd eine Entschädigung für das gestohlene Athene-Heiligtum sei – ebenfalls eine Tat, die Odysseus zu verantworten hatte.

Was sie da hörten, muss den Troern gefallen haben, denn diese Geschichten rückten das Bild deines Vaters in ein schlechtes Licht. Nicht mehr *der Städtezerstörer* hieß er nun, sondern *der Vielgehasste.* Sinon wurde mit fürstlichen Speisen bewirtet, denn er klang glaubwürdig, ja er schien dankbar, dass man ihn in Troja in Obhut nahm. So konnte er auch, ohne Misstrauen zu erregen, den vermeintlichen Orakelspruch Apollons verraten, wonach Troja unzerstörbar bliebe, solange das hölzerne Pferd innerhalb der Stadtmauern stünde.

Dein Vater hatte diese Geschichte geschickt ersonnen und in Sinon einen glänzenden Schauspieler gefunden. Heute noch stellen sich mir die Haare auf, wenn ich bedenke, in welcher Gefahr sich die Männer im Inneren des Pferdes und auch Sinon befanden. Zumal Odysseus eines nicht bedacht hatte: Es gab Menschen, die nicht auf dieses Märchen hereinfielen, die weitsichtiger und misstrauischer waren als die verwöhnten, genusssüchtigen, selbstsüchtigen Troer. Zwar hörte keiner auf die mit einem Fluch belegte Kassandra, aber Odysseus hatte nicht mit dem Priester des Meeresgottes Poseidon, mit Laokoon gerechnet. Zornig, begleitet von seinen beiden Söhnen, raste Laokoon um das hölzerne Standbild, stieß sein Schwert in die Flanke des Pferdes und warnte lautstark vor diesem Geschenk. Nur der Stabilität des Holzes und der Filzpolsterung im Inneren war es zu verdanken, dass keiner der Griechen verletzt wurde. Die Troer schrien auf, wollten Laokoon zurückhalten, denn sie hatten von Sidon gehört, dass das Pferd ein Weihegeschenk für die Göttin Athene sei. Wie furchtbar wäre ihr Fluch, wenn ihr Heiligtum beschädigt würde!

Inmitten dieses Tumults und Geschreis stiegen plötzlich zwei gewaltige Seeschlangen aus dem Meer und bewegten sich schnell und glatt und zielstrebig auf Laokoon und seine Söhne zu. So rasch wie sie gekommen waren, verschwanden sie wieder. Am Boden zermalmt lagen Laokoon und seine beiden Söhne!

Das war das Zeichen für die Troer, dass die Götter sich rächen würden, wenn sie das heilige Pferd nicht ehrten, und in großer Eile zogen sie das Standbild in die Stadt. Dazu verbreiterten sie das Skäische Tor, schafften das monumentale Geschenk auf ihren Markplatz und bejubelten den Abzug der griechischen Flotte.

Tanzten, tranken, aßen wie seit zehn Jahren nicht mehr, öffneten ihre Häuser. Die königliche Familie legte ihre Trauer ab und feierte mit.

Immer noch brannte die Sonne gnadenlos auf das hölzerne Standbild. Im Inneren des Pferdes herrschten unvorstellbare Zustände. Eine Streitmacht, eingepfercht, ohne Luft und Wasser, in der Ungewissheit, ob ihr Plan gelingen würde. Dein Vater musste Unmenschliches, ja Göttliches leisten, um die Männer ruhig zu halten. Helena, meine wankelmütige Frau, war misstrauisch geworden. Sie ging um das Standbild herum und imitierte die Stimmen der Frauen, von denen sie annahm, dass ihre Gatten im Bauch des Pferdes steckten."

Menelaos bedachte Helena mit einem zornfunkelnden Blick. Doch die schien die Unschuld selbst zu sein und hob entschuldigend die Schultern. Menelaos fuhr fort:

„Odysseus konnte nur durch Handbewegungen und Blicke die Verbündeten zur Ruhe mahnen. Als die Nacht hereinbrach, war ganz Troja in weinseligem Siegestaumel. Und es dauerte nicht lange, da schliefen die Menschen in der Stadt berauscht den Schlaf der Gerechten. Wir hatten inzwischen die Schiffe wieder zurück an die Küste gelenkt, Anker gesetzt und waren mit leisen Ruderschlägen auf Beibooten an Land gekommen. Tausende Männer schlichen sich an Trojas Mauern heran. Agamemnon und ich wollten die Kämpfer vor den Toren warten lassen, bis wir ein Feuerzeichen aus der Stadt sehen würden – das Zeichen, dass dein Vater mit den anderen aus dem Pferd heraus und die Zeit des Überfalls gekommen war.

Sinon gab inmitten torkelnder und schlafender Troer den Männern im Pferd ein Klopfzeichen, worauf sich die Luken am Bauch des Pferds öffneten, die Strickleitern hinuntergelassen wurden und Odysseus und seine Männer herauskletterten. Sie machten kampfunfähig, wer sich ihnen in den Weg stellte. Sinon gab das verabredete Zeichen, und sie öffneten die Tore, um die dort lauernden griechischen Truppen einzulassen.

Odysseus aber ging zum Haus des alten Antenor, der ihn zu Beginn des Krieges so großzügig aufgenommen und die langen Jahre über versucht hatte, die beiden Gegner zu versöhnen. Dieser friedliebende Mann und seine Frau sollten bei der Plünderung Trojas geschont werden. Deshalb befestigte Odysseus ein Pantherfell am Eingang ihres Hauses, das Zeichen für Schutz unter uns Griechen.

Während ich Helena im Palast suchte und sie schnell auf eines unserer Schiffe bringen ließ, machte Odysseus seinem angestauten Zorn Luft. Niemand sollte je wieder auf den trojanischen Thron steigen. Der greise König Priamos, der sich an das Zeus-Heiligtum im Innenhof seines Palastes geflüchtet hatte, wurde getötet von Neoptolemos, dem Sohn des Achilleus; Priamos' beide ältesten Söhne, die Thronfolger Paris und Hektor, waren bereits in der Schlacht gefallen – die übrigen seiner insgesamt fünfzig Kinder waren nicht Anwärter auf den Thron. Nur ein Einziger wäre dazu berechtigt gewesen: der kleine Sohn Hektors, ein Kind.

Telemachos, du musst jetzt sehr tapfer sein. Dein Vater hat dieses Kind getötet. Er musste es tun, es durfte niemals mehr einen König von Troja geben. Zu tief saß der Schmerz über die verlorenen zehn Jahre fern der Heimat, zu tief die Verachtung für die überheblichen Troer, die geglaubt hatten, dass der Raub meiner Frau Helena ungesühnt bliebe. Und zu sehr stand dein Vater unter dem Einfluss von Athene, der Göttin, die diesen Krieg unerbittlich zu Ende bringen wollte. Königin Hekabe, die Gattin des Priamos, nahm Odysseus als Sklavin mit, nachdem sie ihren Enkel begraben hatte. Dann wurde Troja an allen Seiten in Brand gesteckt. Hoch loderten die Flammen aus dem hölzernen Pferd. Wir hatten es mit einem besondern Harz behandelt, sodass rote Funken herausstoben und dem Inferno ein gespenstisches Zentrum gaben.

Zuvor hatten unsere Soldaten die Stadt geplündert. Das ist nicht rühmlich, aber verständlich nach den Entbehrungen der vergangenen Jahre. Einer aber hatte es dabei übertrieben, und dein Vater wollte ihn bestrafen: Aias aus Lokrien, der deinem Vater schon so manchen Kummer bereitet hatte, denn er verehrte Athene nicht. Beim Schleifen von Troja belästigte dieser Aias Kassandra, die immer noch inmitten der lodernden Stadt zusammengekauert auf dem Heiligtum der Athene saß. Als Odysseus Aias zurückhalten wollte, stieß der das Heiligtum zu Boden, und die Statue lag zerbrochen im Staub.
Odysseus' Befürchtungen sollten sich als richtig erweisen – Athene konnte den Raub des Palladions und die Beleidigung Kassandras nicht verzeihen. Der Meeresgott Poseidon, der den gesamten Krieg über auf Seiten der Griechen gestanden hatte, war seiner Nichte Athene behilflich, die Schmach zu sühnen. Sein Zorn richtete sich zunächst gegen Aias, und er ließ ihn auf der Heimreise ertrinken. Dann wandte er sich gegen alle griechischen Gefährten, die Aias' Freveltat nicht hatten sühnen wollen. Aufgewühlte Meere, Strudel, Unwetter – die nach zehn Jahren Krieg Heimkehrenden wurden von den Göttern hart bestraft.
Odysseus muss neben Agamemnon einer der Letzten gewesen sein, der mit seinen sieben Schiffen Troja wieder verließ. Zunächst kehrte er noch einmal zurück, um Athene ein Opfer zu bringen. Bis heute fehlt von deinem Vater jede Spur, doch gibt es viele Gerüchte. Das letzte, was ich gehört habe, ist, dass er die vergangenen sieben Jahre auf einer Insel zugebracht haben soll, zusammen mit einer Frau."
Als Menelaos meinen ungläubigen Blick sah, beugte er sich zu mir, dass sich sein purpurner Mantel eng um seine Leibesfülle schloss, und klopfte mir auf die Knie. „Dein Vater war zwar der Günstling der Athene, aber zum einen war Zeus mit dem Ausgang des Kriegs um Troja nicht zufrieden, und dann war da noch Poseidon,

der über den Tod Aias' hinaus unversöhnlich blieb. Wenn nicht er, wer sollte sonst für eine Heimfahrt sorgen, die man seinem ärgsten Feind nicht wünscht!
Wenn du mich fragst, Telemachos, kehr heim nach Ithaka. Irgendetwas sagt mir, dass die Freier deiner Mutter an eurem Hof etwas im Schilde führen. Und da ist niemand, der sie auf Friedlichkeit einschwört wie damals dein Vater, als wir uns um Helena und Klytämnestra gestritten haben. Du bist deinem Vater an Selbstbewusstsein und Stärke so ähnlich, dass es dir gelingen könnte, eine Lösung zu finden. Eine Lösung ganz nach dem Geschmack deines Vaters."

Menelaos schien müde. Helena hatte sich erhoben und schenkte mir ein prächtiges Hochzeitskleid für meine zukünftige Frau. Ich war ihr für dieses Zeichen dankbar, ging sie doch einfach davon aus, dass ich gesund wieder nach Ithaka gelangen würde. Ich dankte ihr und zog mich zurück, um ausgeruht die Rückfahrt antreten zu können. Aber statt gnädigem Schlaf ereilte mich die göttliche Athene. So plötzlich, wie sie bei unserer letzten Begegnung verschwunden war, so plötzlich erschien sie nun. Riet mir, eine andere Route nach Hause zu wählen und nachts zu segeln, um den lauernden Freiern zu entgehen. Und noch etwas verriet sie: Odysseus sei am Leben, ich möge mich beeilen, nach Hause zu kommen, und dort als Erstes den treuen Schweinehirten Eumaios aufsuchen. Aufgewühlt ließ mich Athene zurück.
Damals wusste ich noch nicht, dass alles, was ihm nach dem Ende des Trojanischen Kriegs widerfahren war, mir der erzählen würde, auf den ich mein Leben lang gewartet hatte: mein Vater Odysseus.

Odysseus' Heimkehr
Telemachos trifft seinen Vater

Kaum hatte ich mit meinen Gefährten die Küste Ithakas erreicht, ließ ich mich in der Nähe von Eumaios' Ställen absetzen und schickte die Männer mit dem Schiff in den Hafen. Die Hunde des Alten begrüßten mich schwanzwedelnd, und Eumaios selbst war überglücklich, mich wohlbehalten wiederzusehen. Er war schon so lange ich denken konnte an Odysseus' Hof; viel Leid hatte er gesehen, war früher ein weit gereister Seefahrer und Krieger gewesen, bis er altersweise sich zum Diener der Schweine gemacht hatte.

Neben Eumaios erhob sich ein Mann, der bisher unbemerkt auf einem Haufen Ziegenfelle gesessen hatte. Tausende Runzeln durchzogen sein Gesicht, das einmal entschlossen und kraftvoll gewesen sein musste. Wirr hingen ihm die Haare bis auf die Schultern. Lumpen bedeckten seine welken Gliedmaßen. Eumaios erzählte mir, dass der Fremde aus Kreta stamme, und nachdem er uns gebratenes Ferkel und süßen Wein vorgesetzt hatte, bat ich ihn, den Fremden zu beherbergen, da ich ihn ungern mit an den Hof nehmen wollte – nicht, weil ich mich für sein ärmliches Äußeres schämte, sondern zu seiner Sicherheit. Die Freier würden über ihn herfallen, sich über ihn lustig machen, ja ihn vielleicht sogar umbringen. Ich schickte Eumaios zu meiner Mutter Penelope, um ihr ausrichten zu lassen, dass ich gesund wieder in Ithaka gelandet war.

Kaum war Eumaios losgelaufen, drehte sich der Fremde um und war ... verwandelt! Die Haare dunkel und glänzend, das Gesicht

Telemachos und Odysseus. Griechische Vasenmalerei

glatt, die Haltung kraftvoll und gerade. War er ein Gott oder ein Scharlatan?
„Ich bin dein Vater, Telemachos, zurückgekehrt nach unendlicher Irrfahrt!“ Er sprach mit tiefer, rauer Stimme, ganz so, wie ich es mir immer gewünscht hatte.
Aber ich glaubte ihm nicht. Solche Verwandlungen kann nur ein Dämon vollbringen.
Da umschlang mich der Mann, Tränen rannen ihm über das Gesicht, und er sagte:
„Das alles ist Athenes Werk! Nur sie kann blühende Männer zu Greisen machen und anders herum! Du müsstest doch wissen, dass sie auftaucht, wenn man es nicht erwartet, denn dich liebt sie so sehr wie mich!“
Jetzt kamen auch mir die Tränen. Ich wusste, dass der Mann die Wahrheit sprach. Im zwanzigsten Jahr war mein Vater heimgekommen. Stand vor mir, wie ich ihn mir immer vorgestellt hatte, und doch so fremd. Wie hätte ich mir auch ein realistisches Bild machen können? Alles, was ich über ihn gehört hatte, erweckte in

mir so widersprüchliche Gefühle wie seine plötzliche Heimkehr jetzt. Tapfer, unerschrocken, klug, rastlos, zielstrebig, so wurde mein Vater genannt. Er hatte gelogen, gemordet, Listen wie auch den größten Hinterhalt ersonnen.

Wer war mein Vater?

Doch Odysseus unterbrach meine Gedanken, wollte alles über die Zustände am Hof wissen und verriet mir schließlich seinen Plan. Odysseus, der Planende. Odysseus, der Rastlose. Odysseus, der Menschenkenner. Er vermutete, dass ihm die Freier nichts tun würden, wenn er in Gestalt eines Bettlers in den Palast käme. Doch vorher sollte ich ihre Waffen verstecken.

„Vater, das ist nicht möglich. Es sind zu viele, über hundert. Wie sollen wir beide gegen sie etwas ausrichten? Außerdem haben sie einen Großteil unserer Diener und Mägde auf ihre Seite gezogen. Die Diener wollen es sich mit dem zukünftigen neuen König nicht verderben, und die Mägde sind ihre Konkubinen geworden. Nur wenige von ihnen und Eurykleia, unsere gute Amme, stehen an Penelopes Seite!"

Ich war verzweifelt. Sollte ich meinen Vater gleich wieder verlieren, kaum dass ich ihn gefunden hatte?

Aber Odysseus beruhigte mich. Athene würde uns beistehen, versicherte er, sogar Zeus, der nicht wünschen konnte, dass ein göttlicher Nachkomme wie er nach all den Prüfungen von einem Haufen verweichlichter Freier getötet würde. Ich bemerkte, dass der Name meiner Mutter ihn hatte sanft werden lassen, und erzählte ihm von dem Totentuch und aus wie vielen Tränen es gewebt wurde. Erzählte ihm, dass Penelope Wahrsager nach seinem Schicksal befragt hatte und nun am Ende ihrer Kräfte war.

„Siehst du, Telemachos, schon deshalb müssen wir das Ungeheuerliche wagen. Ich habe zu oft in den letzten zwanzig Jahren ungeheuerliche Dinge gesehen – du musst daran glauben, dass wir beide, Sohn und Enkel des Laertes, es schaffen werden!"

Ich berichtete ihm von Laertes, der immer kranker wurde und vor Kummer kaum noch aus seiner Hütte kam. Sollten wir ihm nicht Bescheid geben?
„Nein! Niemand darf wissen, dass ich da bin“, flüsterte Odysseus. „Geh zurück zum Palast und verstecke zwei Lanzen und zwei Schwerter sowie zwei Armschilde an einem für uns leicht zugänglichen Ort. Ich komme mit Eumaios nach. Dann lass alles geschehen. Wir werden Athenes Zeichen erkennen.“ Er drückte mich noch einmal an sich, und ich erkannte den Duft seiner salzigen Haut wieder, den Duft, den ich als Baby das letzte Mal gerochen hatte.

Zurück im Palast, ging ich durch die Reihen der Freier, als sei nichts geschehen. Die Männer waren überrascht, mich lebend zu sehen, hatten sie mir doch ein Schiff nachgeschickt, um mich abzufangen. Sie erkannten, dass ihr Plan misslungen war, doch hatten sie keinen neuen und auch zu sehr schon dem Wein zugesprochen, um noch klar denken zu können.
Nachdem ich meine Mutter Penelope beruhigt hatte, die mich kaum mehr aus ihren Armen lassen wollte vor Glück über meine Wiederkehr, begab ich mich in den Festsaal, wo der Anführer aller Freier, Antinoos, das Wort führte. Er schmeichelte mir, dass er froh wäre, mich wiederzusehen. Der göttliche Odysseus jedoch, mochten es die Götter gut mit ihm gemeint haben, würde wohl nicht zurückkommen.
Und wann er jetzt meine Mutter heiraten könne?
„Hoho, wenn einer heiratet, dann ich“, riefen einige, und schon gab ein Wort das andere. Penelope, in einem ihrer schönsten Gewänder, aber tief verschleiert, kam die Treppe herunter und setzte sich in einen ruhigen Winkel des Saals. In diesem Augenblick betrat Odysseus, begleitet von Eumaios und wieder zum greisen Bettler verwandelt, den Palast. Schon waren Schmährufe der Freier zu

hören; man fragte, wen Eumaios da anschleppte, ob er jetzt die Bettler der Stadt schon zum Festmahl einladen würde? Durch das Gejohle wurde Penelope aufmerksam. Sie erkundigte sich nach dem Fremden, und als sie hörte, er wüsste etwas von Odysseus, ließ sie ihn zu sich bitten.
Aber Odysseus, unerkannt, vertröstete sie auf später; wenn die Sonne untergegangen wäre, würde er ihr unter vier Augen erzählen, was er gehört und gesehen hatte. Erstaunt, was sich der Bettler herausnahm, stimmte Penelope zu und zog sich in ihre Gemächer zurück. Ich aber beobachtete Odysseus, wartete auf das Zeichen und sah dabei Dinge, die mir bestätigten, dass es wirklich mein Vater war. Als er nämlich noch an der Schwelle des Saals stand, scheinbar unschlüssig, hatte Argos, der gute, treue Hund, den das Alter, aber auch die schlechte Pflege der treulosen Mägde krank und siech hatte werden lassen, den Kopf gehoben, und dann, wie seit Jahren nicht mehr, freundlich mit dem Schwanz gewedelt. Odysseus hatte sich zu ihm hinuntergebeugt, und Argos schloss unter seiner Hand für immer die Augen. Mir stiegen die Tränen in die Augen, auch Odysseus fuhr sich über das Gesicht, doch jetzt durften wir uns keine Schwäche erlauben. Die Freier tobten, als Odysseus, in Aussehen und Benehmen ganz ein Bettler, an ihnen vorbeiging.
Da betrat Iros, der größte unter Ithakas Bettlern, der sich ab und zu als Bote nützlich machte, den Saal. Und fing Streit mit Odysseus an. Das war so recht nach dem Geschmack der Freier, die sich nach jahrelangem untätigen Warten über jede Abwechslung freuten. Ein Streit unter Bettlern, das war wie auf dem Markt, wie ein Theaterstück. Und wirklich, Iros verspottete meinen Vater. Da schlug ihm Odysseus einen Ringkampf vor. Der Schwarm der Freier schrie vor Vergnügen und sah meinen Vater schon mit gebrochenen Gliedern im Staub liegen, denn Iros war groß. Odysseus ließ sich nicht zweimal bitten, machte aber zur Bedingung, dass er in die Mitte der Freier aufgenommen würde, wenn er

als Sieger aus dem Kampf hervorginge. Da keiner daran glaubte, stimmten alle zu. Ich bewunderte meinen Vater. Ich kannte niemanden, der mit so hohem Risiko handelte. Allerdings ging es auch um alles. Um ihn. Um Penelope, um Laertes, um mich und um die Herrschaft über Ithaka.

Kaum standen Iros und mein Vater sich gegenüber, wollte Iros schon zuschlagen. Da blitzten unter den Lumpen, die Odysseus verhüllten, seine Beine hervor, nicht altersschwach, sondern gestählt, dazu seine Brust, so kräftig wie die eines Stiers. Athene verwandelte Odysseus in den, der er wirklich war.

Mit einem Schlag hatte Odysseus Iros kampfunfähig gemacht und wurde unter tosendem Applaus von den Freiern zu Tisch gebeten. Aber statt nun still zu genießen, beklagte mein Vater, dass hier zu viele säßen, die das Geld eines anderen verprassten, und das, wo die Heimkehr Odysseus' bevorstünde. Das konnte nicht wahr sein – mein Vater provozierte die Bande auch noch! Ich wusste, bald, morgen schon, würde Penelope einen von ihnen wählen müssen.

Odysseus trank mit den Freiern, bis sie von den Bänken sanken. Da wollten die Mägde, die Odysseus sogar jetzt noch verspotteten, das Licht löschen, aber er schickte sie wütend weg. Weindunst erfüllte den Saal, da und dort hockten oder lagen schlafende Freier, andere hatten sich zurückgezogen. Odysseus löschte selbst viele der Kerzen, ließ nur einige wenige an, und in ihrem honigfarbenen Schein kam Penelope die Treppe herunter.

Ich verhielt mich still und verbarg mich hinter einer Säule. Endlich, endlich würde mein Vater sich ihr zu erkennen geben. Aber ich wurde enttäuscht. Er berichtete ihr von vielen Begebenheiten, die Odysseus zugestoßen waren, und ließ meine Mutter in dem Glauben, er sei ein Reisender aus Kreta. Doch immer wieder versicherte er ihr, dass Odysseus' Heimkehr bevorstehen würde.

Athene musste in der Zwischenzeit bei meiner Mutter gewesen sein; Athene, die Göttliche, bestimmte das Spiel, wir waren nur ihre

Spielfiguren. Mir war es egal, wenn nur alles gut ausgehen würde. Meine Mutter war zwischen Glauben und dem Gefühl, verspottet zu werden, hin und her gerissen. Sie sah bildschön aus, Athene hatte ihr die Haut einer jungen Frau verliehen. Die Augen, die ich jahrelang nur tränennass gesehen hatte, waren mit Kohlehölzchen geschwärzt, ihr Haar glänzte golden.
Odysseus saß nahe bei ihr. Sie hatte ihm einen gepolsterten Sessel neben ihren elfenbeinverzierten Thron schieben lassen. Konnte sie denn nicht wie ich seinen Duft riechen? Sah sie nicht seine Augen? Athene muss auch hier ihre Hand im Spiel gehabt und sie mit Unwissenheit verzaubert haben. Mein Vater sprach so angenehm mit seiner tiefen Stimme, wählte seine Worte mit Bedacht, dass ich kaum aufhören konnte zu lauschen, obwohl es mir unziemlich schien, diese intime Szene zwischen meinen Eltern zu beobachten. Penelope musste Vertrauen gefasst haben. Als er ihr auf die Frage hin, was Odysseus am Tag seiner Abreise getragen hatte, von einem purpurnen Mantel mit einer goldenen Spange erzählte, ahnte sie, dass dieser Fremde mehr wusste als alle, die sie in den letzten zwanzig Jahren gesprochen hatte. Denn Mantel und Spange, die einen Hund mit einem Hirschkalb im Maul darstellte, hatte sie, Penelope, ihrem Mann zum Abschied geschenkt. Nun offenbarte sie meinem Vater auch, dass sie am nächsten Tag einen Wettstreit abhalten wollte: Der Sieger würde sie zur Frau bekommen. Länger könne sie nicht mehr warten, da die Mägde den Freiern ihre List mit dem Totentuch verraten hatten.
Ich wollte dazwischenspringen, mich bemerkbar machen ... Aber Odysseus lobte sie für diesen Entschluss und sagte, er müsse sich nun schlafen legen.
Da wollte meine Mutter ihm ein fürstliches Bett bereiten und ihm schöne Kleider geben, wollte ihm die Mägde schicken, dass sie ihm die Füße wuschen. Aber er lehnte ab, die Mägde waren ihm verhasst, und er fragte nach einer alten, sehr alten guten Frau – ob

Odysseus verstellt sich gegenüber Penelope und berichtet ihr, was man sich über Odysseus' Schicksal erzählt. Griechische Plastik

Penelope nicht eine in ihrem Gefolge hätte, die ihm die Füße waschen könnte? Penelope stutzte und nannte Eurykleia, die gute Amme, die Odysseus und auch mich gestillt und aufgezogen hatte. Eurykleia war mittlerweile blind. Penelope holte sie und half ihr, Wasser in einer Schüssel herbeizutragen. Langsam, ganz langsam betastete Eurykleia die Beine meines Vaters. Rieb sie mit einem gelben Schwamm ab und träufelte Rosenöl auf die stählernen Schenkel. Penelope saß abgewandt; Athene hatte einen Schleier über sie gelegt, als Eurykleias Finger die Narbe an Odysseus' Hüfte spürten, die er vor langer Zeit bei dem Jagdausflug auf den Parnass statt der Geschenke bekommen hatte. Sie schrie auf. Mein Vater konnte sie gerade noch zurückreißen, als sie zu Penelope eilen wollte, um ihr zu verraten, dass er Odysseus sei. Sie musste ihm versprechen, zu schweigen.

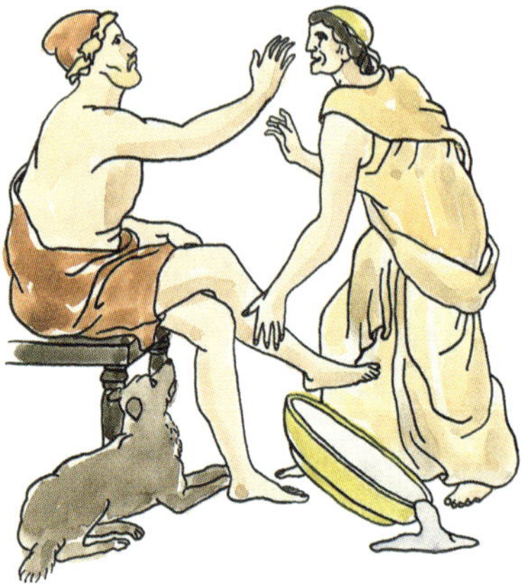

Eurykleia erkennt Odysseus.

Penelope ging mit Eurykleia zurück in ihre Gemächer. Ich fiel in einen traumlosen Schlaf. Odysseus aber besprach mit Athene den kommenden Tag – wie schon in Troja weit im Voraus die Dinge bedenkend. Mit seinem Wissen um die Eigenschaften der Menschen konnte er planen wie kein anderer. Seine Lust am Fabulieren, am Geschichtenerfinden und -verdrehen hatte ich heute zum ersten Mal selbst erlebt. Er tat das nicht, um zu prahlen oder zu lügen, sondern immer mit dem einen Ziel: Odysseus log, um die Wahrheit zu finden.

Im Palast von Ithaka
Die Vertreibung der Freier

Die Nacht vor der Entscheidung verbrachten alle unruhig. Ich wälzte mich, hinter Vorhängen verborgen, spürte, wie mein Vater sich ebenfalls hin und her warf, weil ihn die Sorge um die Freier wach hielt. Unruhig machte ihn auch das Geraschel einiger Mägde, die sich zu den Freiern schlichen, um ihnen, wie seit Jahren schon, gefällig zu sein. Ein Lichtschein über Odysseus' Kopf – er hatte sich, einem Bettler gleich, auf dem Boden zusammengerollt – sagte mir, dass Athene ihm die Zweifel nehmen und die Geduld geben würde, seinen Zorn so lange zu zügeln, bis der richtige Augenblick käme, denn Geduld war nicht Vaters Stärke.

Wach wurde ich, als Eurykleia schon geschäftig durch den Saal huschte und trotz ihrer Blindheit mehr Unordnung beseitigte als die übrigen Mägde. Es wurde gefegt, geputzt, geräumt, neues Geschirr aufgetragen, Schweine und Ziegen wurden zum Schlachten geführt. Allem Anschein nach sollte dieses wirklich letzte Gelage eines der üppigsten werden, das je hier stattgefunden hatte.
Bald schon fanden sich die Freier wieder im Saal ein. Über den offenen Feuerstellen briet das Fleisch. Kaum hatten einige der Männer Odysseus an einem kleinen Seitentisch gesehen, begannen sie, über ihn herzuziehen. Und als Odysseus mit Schweigen und Gleichmut reagierte, nahmen sie mich als Ziel. Nur einer unter ihnen stand plötzlich auf und sprach warnende Worte – sagte, man dürfe sich so in einem fremden Haus nicht bewegen. Mit Hohngelächter trieben sie ihn aus ihrer Mitte. Schweiß stand den meisten

auf der Stirn, Bratensaft lief ihnen von den geöffneten Mündern, an die sie immer und immer wieder Becher mit Wein führten.
Hitze, der Duft von gestocktem Blut, den die Innereien der geschlachteten Tiere verbreiteten, und die Ausdünstungen hunderter Männer lagen über dem Saal, als meine Mutter Penelope auf dem Thron Platz nahm. Es wurde still, als sie verkündete, sie wolle sich heute mit dem Mann vermählen, der im Wettkampf siegen würde, und mit ihm dieses Land verlassen. Ein Raunen war zu hören, sie hob die Hand, um die Freier zum Schweigen zu bringen, und sprach:
„Ich werde jetzt die Waffen holen, mit denen der Wettkampf ausgetragen werden soll. Wartet so lange, esst und trinkt!" Jetzt erst bemerkten die Freier, dass all die Waffen, die die Wände in Odysseus' Haus geschmückt hatten, nicht mehr da waren. Ich erhob mich und versuchte, die aufkommende Unruhe zu mildern, indem ich ihnen erklärte, dass ich, Telemachos, die Waffen gut verwahrt hätte, da ich befürchtete, dass Bratendunst, Asche und Ruß sie beschädigen könnten.
Odysseus nickte mir zu – ich hatte seine Idee bereits am Abend zuvor, mit Hilfe des Sauhirten Eumaios, in die Tat umgesetzt.
Ich wusste, dass Penelope nun zu der Truhe gehen würde, in die sie vor vielen Jahren Bogen und Köcher gelegt hatte, die Odysseus von seinem Jugendfreund Iphitos erhalten hatte. Rasch kamen Penelope und einige Dienerinnen zurück. Zwölf Äxte, eine Richtschnur, den Bogen und den Köcher brachten sie mit. Unter den Freiern entstand erneut Unruhe, einen solchen Bogen hatten sie noch nicht gesehen. Und wozu die Äxte? Penelope erklärte es ihnen. Alle zwölf Äxte wurden, mit der Richtschnur begradigt, hintereinander aufgestellt, sodass die Löcher am Schaft jeder Axt in gerader Linie standen. Wer es schaffte, den Bogen zu spannen und einen Pfeil durch alle zwölf Axtlöcher zu schießen, würde Penelope zur Frau bekommen.

Ich eröffnete den Reigen, konnte aber den Bogen noch nicht einmal spannen. Als die ersten zwanzig Freier sich vergeblich versucht hatten, sah ich den Ehrgeiz und Zorn in den Gesichtern der übrigen leuchten, unter ihnen Antinoos, ihr Anführer, der sich bisher vornehm zurückgehalten hatte. Da wurden die Türen des Saals von außen geschlossen, und die Frauen zogen sich auf ein Zeichen hin in die Gemächer zurück, Penelope von Eurykleia begleitet. Ich wusste, dass Vater ihnen durch Eumaios ausgerichtet hatte, dass sie sich nicht aus ihren Zimmern bewegen sollten, egal, welche Geräusche sie auch aus dem Saal hören würden.

Eumaios hatte nun den Bogen an sich genommen. Das Schreien der Freier wurde lauter, frecher, ungehobelter. Was er alter, stinkender Sauhirte mit dem Bogen wolle? Als sie sahen, dass er ihn Odysseus reichen wollte, versuchten sie, ihn daran zu hindern. Ich fuhr dazwischen und erklärte, solange ich hier den Vater verträte, bekäme den Bogen jeder, der sich um meine Mutter bewerben wolle.

Odysseus wog den Bogen lange in seiner Hand. Es war still geworden. Was wollte dieser zerlumpte Alte mit einem Bogen, den bisher keiner im Saal hatte spannen können? Dann hob er ihn hoch, zog die Sehne leicht an, streckte mit der Linken den Bogen nach vorn wie eine scharfe Sichel, setzte den Pfeil und schoss ihn präzise durch alle zwölf Äxte. Die Freier standen wie erstarrt. Das war der Moment, in dem Odysseus begann, Pfeil auf Pfeil aus seinem Köcher zu ziehen, den Bogen zu spannen, zu zielen und auf die Freier abzuschießen. Als Ersten erschoss er Antinoos, dann streckte er einen nach dem andern nieder. Die Männer suchten verzweifelt nach ihren Waffen und fanden nur die kleinen Schwerter, die sie am Körper trugen.

Ich hatte Schilde und Helme für Vater, Eumaios und einige verbündete Knechte geholt und stritt selbst mit Lanze und Schwert, als ich plötzlich aus dem Augenwinkel sah, dass mein Großvater

Odysseus im Kampf gegen die Freier

Laertes mitkämpfte. Er war von seinem Krankenlager aufgestanden und hieb mit der Kraft eines jugendlichen Helden auf die Tobenden ein. Athene hatte für alles gesorgt und ihm wie unserer kleinen Streitmacht die Kraft und den Zorn eines ganzen Heeres verliehen. Nach wenigen Minuten lagen alle Freier tot im Saal, aus dem es kein Entrinnen gegeben hatte, denn Odysseus hatte die Türen mit Hanfseilen von außen verschließen lassen. Eine unwirkliche Stille hing schwer über dem mit Blut besudelten Raum. Als wir sicher waren, dass wir niemanden geschont hatten, ließ Odysseus Eurykleia holen, um sie zu bitten, die Mägde zu schicken, die sich mit den Freiern eingelassen hatten. Es kamen zwölf von fünfzig Mädchen, zwölf, die ihren Eid gebrochen hatten, jungfräulich und ergeben Penelope zu dienen. Diese zwölf mussten die Leichen wegtragen und den Saal säubern. Anschließend ließ mein Vater sie hinrichten.
Odysseus nahm Rache, still, zäh, mit unergründlicher Miene, und ich schauderte angesichts der Zielstrebigkeit, mit der er den verlotterten Hof und die verkommenen Zustände in nur einem Tag ordnete. Er setzte Zeichen, die grausam, aber unmissverständlich

waren, und ich fragte mich, ob er immer schon so gewesen war oder ob ihn zehn Jahre Krieg oder die zehn Jahre, von denen ich noch nichts wusste, gewandelt hatten.
Als der Abend kam, holte Eurykleia meine Mutter aus ihrer Kammer. Die Alte konnte nicht mehr an sich halten, sie rief begeistert, dass Odysseus gekommen sei und die Freier besiegt hätte. Penelope schimpfte mit der alten Frau, wie sie so dumm sein könnte; solch ein Werk vollbringen, hunderte Freier töten, das könne nur ein Gott. Aber Eurykleia zog sie in den Saal, der von allen Blutspuren und Zeichen eines Gemetzels befreit war, und zeigte auf den zerlumpten, von Kampfspuren gezeichneten Odysseus, der auf einem Schemel saß und immer noch einem Bettler glich. Penelope wollte es nicht glauben, sah ihn immer wieder an, erkannte ihn nicht. Auch den Beweis der Narbe an der Hüfte ließ sie nicht gelten. Aber sie gab den Befehl, Odysseus, oder wer er auch immer sei, solle baden, frische Kleider anziehen und zu ihr ins eheliche Schlafzimmer kommen.
Als mein Vater wenig später mit geölten Haaren, nach Rosenölen duftend, in einem purpurnen Mantel und von Athene verjüngt Penelope in das Schlafzimmer hinaufbegleitete, flüsterte sie ihm zu: „Ich finde mich vielleicht gar nicht mehr zurecht dort oben, denn ich habe vor zwanzig Jahren das letzte Mal mit Odysseus dort gelegen. In der Zwischenzeit haben die Mägde das ganze Zimmer umgestellt und das Bett verrückt."
Jetzt konnte mein Vater meiner Mutter beweisen, dass er der wahre Odysseus war. Das Bett hatte er selbst aus einem mächtigen Ölbaum geschnitzt – der Fuß dieses Bettes war der Stamm des Baumes, der durch den Palast wuchs, und niemand hätte es bewegen können. Stolz auf seine Frau, die ihn mit dieser Frage geprüft und erkannt hatte, erschöpft von Prüfungen und einem Tag, der so schrecklich wie reinigend gewesen war, sank er in einen tiefen Schlaf.

Die Irrfahrt
Odysseus' lange Reise

Odysseus war zurück, und wir konnten es nicht erwarten, aus seinem Mund zu hören, wie er die zehn Jahre zwischen Kriegsende und seiner Wiederkehr nach Ithaka zugebracht hatte. Doch die nächsten Tage vergingen im Wiedersehenstaumel.

Laertes, mein Großvater, der so tapfer gefochten hatte, war völlig erschöpft, nachdem Athene uns allen wieder unsere natürlichen Stärken und Schwächen verliehen hatte. Odysseus saß jeden Tag lange an seinem Lager und hielt still seine Hand. Penelope war wie verwandelt, und die Bediensteten, die unerschütterlich an Odysseus' Rückkehr geglaubt hatten, wurden mit einem besonderen Festmahl belohnt. Der ganze Palast war mit Sträußen von Thymian und Lavendel, Zitronenmelisse und Salbeiblättern ausgeschmückt, um den Geruch der Belagerung und Schlacht zu vertreiben. Honigkerzen verbreiteten warmes Licht und milden Duft. Alle Felle, die als Sitzgelegenheit dienten, wurden in den Höfen ausgeklopft und gebürstet. Als wieder eine Ordnung herrschte, die Odysseus als seines Palastes würdig empfand, bat er uns eines Abends an das offene Feuer, das in einem der Atrien* loderte, ließ uns, Penelope, Laertes, Eumaios, Eurykleia und mich, Platz nehmen und erzählte uns in dieser Nacht seine Geschichte der letzten zehn Jahre, die Geschichte der Irrfahrten des Odysseus.

„Wie euch vielleicht Telemachos schon berichtet hat, bin ich mit meinen sieben Schiffen nach Kriegsende noch einmal nach Troja zurückgekehrt, um Athene zu danken. Als wir erneut abfuhren, ahnte ich dunkel, dass wir bei allen Opfergaben Zeus am geringsten bedacht hatten. Aber noch einmal umkehren? Meine Mannschaft wäre mir vermutlich nicht gefolgt. Hätte sie allerdings gewusst, was kommen würde, wäre dies das kleinste Übel gewesen. Der Wind trieb uns an die Küste der Kikonen, eines Stammes im Südwesten Thrakiens*. Wir hatten zwei Möglichkeiten: die Kikonen entweder zu unterwerfen oder von ihnen niedergemacht zu werden. Die Kikonen galten als nicht zimperlich, und ich fürchte, wir befanden uns nach dem Trojanischen Krieg noch in einem Blutrausch, als wir ihre Hauptstadt, Ismaos, brandschatzten. Die Kikonen holten sich Unterstützung aus dem Landesinneren; trotzdem verweigerten meine Leute den Rückzug. Die Strafe war der Verlust einiger unserer besten Männer, und doch haben wir gesiegt. Aber wie sollten wir Kriegsgefangene und Sklavinnen nehmen, wie es nach Siegen üblich ist? Wir wollten nach Hause. Also schonten wir die Frauen und die alten Männer und Seher. Zum Dank gab mir ihr Apollonpriester Maron einen Schlauch des besten Weines mit – dass dieser Wein uns einmal das Leben retten würde, ahnten wir damals noch nicht."

Odysseus nahm einen Schluck. Auch wir tranken. Keiner wagte zu sprechen. Da fuhr Odysseus fort: „Wir segelten ab und gerieten sofort in widrige Winde, die unsere Segel zerrissen und uns eine mehrtägige Höllenfahrt bescherten, bei der wir alle unsere gefallenen Gefährten anriefen – und wie durch ein Wunder legten sich die Winde, wir konnten Kap Maleia umschiffen, segelten bei bewegter See an Kythera* vorbei und landeten am zehnten Tag in einem Gewässer, aus dem uns tausendfacher Fischbestand entgegenglitzerte, der uns schnell die Mägen füllte und wieder unternehmungslustig machte. Wir legten in einer blauen Bucht an, konnten Schweiß und Salz der vergangenen Tage abwaschen und waren neugierig auf die Bewohner dieser bezaubernden Insel.

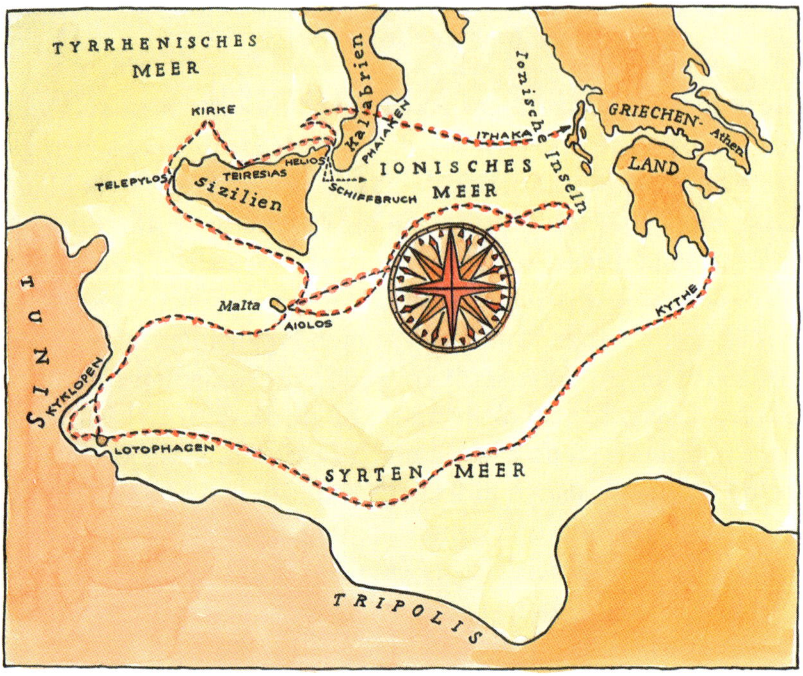

Dies könnte der Verlauf von Odysseus' Irrfahrten gewesen sein

Ich schickte drei Gefährten aus, das Land zu erkunden, das über und über mit seltsamen Bäumen bewachsen war.
Wir warteten auf die Rückkehr der drei, doch nichts geschah, und ich musste mich aufmachen, sie zu suchen. Ich fand alle drei in glückseligem Zustand, trunken von einer Frucht, die alle Erinnerung löscht und von der sich die Bewohner der Insel ernährten: die Lotos-Esser, friedliche, sinnenfrohe Menschen, die ahnungslos in ständigem Taumel lebten. Ich musste meine drei Kundschafter in Fesseln legen, um sie zurück auf die Schiffe zu bringen, wo sie uns noch tagelang das Leben mit ihrem Geschrei zur Hölle machten, denn sie waren süchtig nach dem glücklich machenden Lotossaft."
An dieser Stelle legte mein Vater eine kleine Pause ein, denn es wurden Früchte herumgereicht. Niemand nahm davon, und die Dienerinnen wunderten sich. Sie wurden von Odysseus hinausgeschickt. Er wollte diese Geschichte nur uns erzählen.

„Wir tauchten alle verbissen die Ruder in die Wellen, um möglichst schnell von den Lotos-Essern fortzukommen – ich hatte nicht zehn Jahre gekämpft und gewartet, um als Lotos pflückender Träumer auf einer Insel zu stranden! Aber vielleicht hätte ich es tun sollen, um uns das zu ersparen, was uns auf dem nächsten Eiland erwartete. Zunächst wirkte dort alles sehr einladend, die Insel schien fruchtbar mit ihren grünen Weiden, Getreidefeldern, Weinstöcken und Pappeln. Quellen versorgten alles mit Wasser, und Nymphen hüteten die vielen Ziegen und Schafe, die speckig und wollig vom fetten Gras waren.
So fiel es nicht weiter auf, dass wir einige erlegten, um uns die Bäuche vollzuschlagen. Aber die Neugier trieb mich, herauszufinden, wer auf dieser Insel des Überflusses wohnte, wo man niemanden ernten sah, obwohl die Trauben riesig und die Ähren vielrispig waren. Ich machte mich mit zwölf Gefährten auf den Weg ins Landesinnere; Proviant hatten wir mitgenommen, darunter auch der Wein, den uns der Kikonenpriester Maron geschenkt hatte. Nach einem Weg durch grünes Dickicht stießen wir auf eine Höhle – eine Höhle, die größer war als alles, was ich bisher gesehen hatte: sieben Mann hoch der Eingang, innen mit unzähligen Viehpferchen versehen, in denen Zicklein und Lämmer lebten. Dazwischen standen Eimer mit Milch und Molke, die zwei unserer Leute nicht heben konnten. Und Käse, unvorstellbar riesige Räder Käse. Meine Männer wollten sofort einige Tiere und Käse nehmen und verschwinden, aber ich hielt sie zurück. Wissen die Götter, was mich getrieben hat, zu bleiben und uns dieser Gefahr auszusetzen!
Wir beratschlagten noch, was zu tun sei, als ein Hüne die Höhle betrat. Er trieb Muttertiere herein, unter die er das jeweils dazugehörende Lämmchen stellte. Diese fürsorgliche Geste stand in völligem Widerspruch zu seinem Äußeren. Grässlich, ungeschlacht erschien er uns, verschloss den Eingang hinter sich mit

einem Stein, und wir waren gefangen in dieser Höhle, die ganz offensichtlich die eines Kyklopen war, denn der Riese glotzte unwillig in alle Ecken – mit nur einem Auge! Eine Weile hielten wir uns versteckt, aber dann trat ich vor und begrüßte ihn. Seine mächtige Stimme ließ die Höhle erzittern, als ich ihm von unserer Herkunft erzählt hatte und dass wir seinen Schutz und sein Geleit bräuchten, damit uns Zeus gewogen wäre. Der Einäugige geriet in Zorn; er schrie, die Olympier seien ihm egal. Da versuchte ich es

Odysseus und seine Gefährten blenden den Kyklopen Polyphem.

mit einer List und sagte, dass Poseidon unser Schiff zerschmettert hätte und wir nun seine Hilfe bräuchten. Der Riese aber fraß als Antwort zwei meiner Männer mit Haut und Haar, trank vier Fässer Milch und legte sich schlafen.

Ich wollte in meiner Trauer und Wut das Schwert in ihn stoßen, aber die Gefährten deuteten auf den verschlossenen Eingang – nie hätten wir den Stein bewegen können, die Höhle wäre unser Grab geworden. Die ganze Nacht über berieten wir, und am nächsten Morgen verließ der Furchtbare die Höhle früh samt seinen Herden und sperrte uns wieder ein. Am Abend dasselbe Zeremoniell; diesmal ließ er alle Tiere in die Höhle kommen, auch die

Hammel und Böcke, fraß zwei meiner Männer und wollte sich gerade wieder ein Fass Milch einverleiben, als ich ihm Wein aus dem Schlauch des Kikonenpriesters anbot. Genüsslich trank er nicht einen, sondern drei Krüge davon leer und fragte glücklich glucksend nach meinem Namen. Damit verhielt er sich genauso, wie ich es mir gedacht hatte, und ich sagte ihm: ‚Man nennt mich Niemand.' Er nahm unter ohrenbetäubendem Gelächter wieder von dem Wein und versprach mir, mich zum Dank dafür als Letzten zu fressen. Er lallte und fiel sabbernd und rülpsend in einen tiefen Schlaf.

Mit vier meiner Gefährten hielt ich einen mastgroßen Olivenstamm, der in der Höhle lag, ins Feuer, bis die Spitze glühte und zischte, dann stießen wir ihn tief in das Auge des trunkenen Kyklopen, der brüllend erwachte und nach seinen Kyklopenfreunden rief. Tatsächlich versammelten sich einige von denen vor der verschlossenen Höhle und fragten ihn, was los sei. Dabei erfuhren wir, dass der Kyklop in unserer Höhle Polyphem hieß. Er aber antwortete, Niemand hätte ihm etwas angetan. Laut schimpfend entfernten sich die Kyklopen daraufhin wieder.

Bald darauf stieß Polyphem irr vor Schmerz den Stein vom Eingang weg und ließ alle Tiere hinaus – wir aber hatten uns an die Bäuche der größten Tiere gebunden und wurden so von ihnen nach draußen getragen. Polyphem griff seinen Tieren nur auf den Rücken und merkte es nicht. Wir liefen zu unseren Schiffen, nahmen die Tiere als Proviant mit und fuhren mit angstvoll geführten Ruderschlägen davon, damit uns die Felsen nicht treffen konnten, die der Kyklop uns nachwarf. Da muss mich etwas gereizt haben, und ich rief Polyphem zu, dass er sich etwas einbilden könne auf seine Verletzung, denn der große Odysseus hätte sie ihm zugefügt. Fragt nicht, warum ich das tat. Er aber erwiderte: ‚Und euch wird Poseidon nach Hause begleiten, wo ihr nie ankommen werdet, denn ich bin sein Sohn!'

Odysseus klammert sich an das Bauchfell des stärksten Bocks, um aus der Höhle Polyphems zu gelangen.

Was hatten wir getan? Noch wussten wir es nicht. Aber nun hatten wir nicht nur den zürnenden Zeus, sondern auch den grollenden Poseidon gegen uns."

Stumm und aufrecht saßen wir um Odysseus im Kreis. Penelope hatte sanft ihre Hand auf die meines Vaters gelegt, als er schon fortfuhr, sichtlich aufgewühlt, als stünden die Ereignisse zum Greifen nah vor seinen Augen.

„Nach diesem Schrecken brauchten wir dringend Ruhe, und ich weiß nicht, welcher Gnade wir es zu verdanken hatten, nach Äolien zu kommen, wo uns Äolos und seine zwölf Kinder fürstlich bewirteten und von wo wir nach einer Woche gestärkt und mit einem göttlichen Geschenk heimwärts segelten. Äolos als Hüter der Winde gab mir einen Schlauch aus Rinderhaut mit. In ihm waren all jene Winde eingeschlossen, die uns nicht in die Heimat zurückbringen würden. Nur der Westwind konnte sich frei entfalten und würde uns sicher nach Hause führen – vorausgesetzt, niemand öffnete den Schlauch.

Wir hatten Ithakas Küste bereits vor Augen, als ich in einen befreiten Schlaf fiel. Da müssen meine Gefährten wahnsinnig geworden sein. Sie öffneten den Schlauch in der Hoffnung, es sei Gold darin, und sofort wurden wir mit entsetzlicher Wucht zwischen Wellenberge gedrückt und mit heulenden Winden an Äoliens Küste zurückgespült. Aber Äolos hatte keine Gnade mit uns. Wir hatten

nicht auf ihn gehört, und so gab er uns keine zweite Chance. Wir segelten ohne Hilfe davon, von wirren Winden getrieben, bis wir an eine felsige Insel kamen.
Alles sah friedlich und fruchtbar aus. Mädchen wuschen sich am Ufer. Sie schienen ein wenig größer, als wir es gewöhnt waren, aber niemand von uns schöpfte Verdacht. Ich war mit meinem Schiff und einigen Gefährten in der Flussmündung vor Anker gegangen, während meine anderen Kapitäne ihre Schiffe nah an das Ufer brachten und an Land gingen.
Was dann geschah, konnte ich nur aus der Ferne beobachten. Von der Burg, die den Fluss bewehrte, kamen unsäglich große Kerle, Riesen, die Felsen wie Murmeln warfen. Keines der Schiffe blieb ganz, und die Riesen fraßen alle Männer. Nur wer auf meinem Schiff war, blieb verschont.
Wir setzten stumm vor Trauer die Segel und versuchten erneut, den Weg nach Ithaka oder zumindest an friedlichere Gestade zu finden. Die Männer hatten keinen Mut mehr und weinten und klagten. Ich musste rasch Nahrung und Erholung für sie finden und steuerte eine schöne Insel an, die man Aiaia nannte. Drei Tage lagerten wir am Ufer. Ich hatte einen Hirsch geschossen, und nach ein paar Tagen konnte sich endlich ein Trupp aufmachen, die Insel zu erkunden.
Doch die Männer kamen lange Tage nicht wieder, bis plötzlich Eurylochos, einer ihrer tapfersten, auftauchte und stammelnd hervorbrachte, dass sie Häuser gefunden hatten, wo zutrauliche Wölfe und Löwen lebten, bewacht von einer so unheimlichen wie schönen Frau, die allen Gefährten einen Zaubertrank angeboten und sie damit in Schweine verwandelt hatte! Eurylochos war als Einziger entkommen.
Ich ließ ihn zurück, machte mich allein auf den Weg. Wer weiß, was passiert wäre, wenn ich nicht diesmal einen göttlichen Rat bekommen hätte. Der Götterbote Hermes erschien mir, warnte

mich vor einer Frau namens Kirke und gab mir ein Kraut, Moly, das Kirkes Zauber unwirksam machen sollte.
Bald traf ich Kirkes Dienerinnen, dann Kirke selbst, und um sie herum quiekende Schweine – meine Gefährten. Als Kirke mich sah, begrüßte sie mich freundlich, umgarnte mich und goss mir ein Getränk in eine hölzerne Schale. Doch so viel ich auch davon trank, nichts passierte. Sie stutzte, merkte, dass ihr Zauber nicht wirkte, und wurde unterwürfig und fügsam. Von überallher kamen jetzt ihre Dienerinnen mit Köstlichkeiten, ich wurde gebadet und geölt. Aber wie sollte ich das genießen, wenn doch all meine Männer sich vor dem Haus im Schlamm suhlten und grunzten!
Auf meine Bitte hin verwandelte Kirke die Schweine zurück in schöne junge Männer, jünger, als sie tatsächlich waren. Als Gegenleistung sollten wir bei ihr bleiben."
An dieser Stelle sah Odysseus sorgenvoll zu Penelope. Aber sie schaute ihn unverwandt und ohne Zorn an und bat ihn, weiterzuerzählen.
„Wir waren ausgehungert, die Männer sehnten sich nach Zuwendung, und tatsächlich blieben wir ein Jahr, bis in allen das Heimweh übermächtig wurde und meine Gefährten mich drängten, loszuziehen. Und Kirke hielt uns nicht zurück. Im Gegenteil, sie gab uns Ratschläge, wie uns die Heimfahrt gelingen könnte. Als Erstes sollten wir den Rand des Okeanos, des Schattenreichs*, ansteuern, wo unter all den Toten der Seher Teiresias als Einziger uns den Weg nach Hause würde weisen können. Genau beschrieb sie uns die Route, doch ich konnte nicht glauben, was sie sagte, denn bisher war niemand lebend dem Totenreich entkommen.
Tatsächlich führten uns Flüsse und schreckliche Strudel an die Ränder des Okeanos. Von da an musste ich allein weiter. Ich ließ die Gefährten und das Schiff zurück und nahm nur zwei Opfertiere mit, ein weißes und ein schwarzes Lamm, die ich ausbluten ließ an einem Graben, der direkt ins Schattenreich führte. Kaum

Kirke verwandelt die Gefährten in Schweine.

liefen die Blutbäche hinab, tauchten die Schatten der Toten auf und wollten trinken, aber von Kirke wusste ich, dass als Erster Teiresias von dem Blut nehmen durfte. Er war als Einziger des Totenreichs bei klarem Verstand und würde mir verraten können, wie wir nach Haus kämen. Aber ich sah nicht Teiresias, sondern Elpenor, einen meiner jüngsten Gefährten. Ich konnte nicht glauben, dass er tot war, hatte er nicht eben noch mit uns bei Kirke auf Aiaia gefeiert? Er war kurz vor der Abreise betrunken vom Dach eines Hauses gefallen, und als wir Aiaia verließen, hatte niemand seine Abwesenheit bemerkt. Nun bat er mich, noch einmal zu Kirke zurückzukehren und ihn zu begraben. Da kam meine Mutter Antikleia auf mich zu. Ich wusste nicht, dass sie in der Zeit meiner Abwesenheit vor Gram gestorben war. Auch sie wollte Blut trinken, und ich musste meine eigene Mutter mit dem Schwert davon abhalten.

Endlich erschien Teiresias. Nachdem er getrunken hatte, begrüßte er mich, lobte meinen Mut, meine Erfolge, aber prophezeite mir eine gute Heimfahrt nur dann, wenn wir die auf der Insel Trinakria grasenden Rinder des Sonnengott Helios schonten, die wir nach einer Fahrt durch ein veilchenfarbenes Meer erreichen würden. Weder essen noch rauben dürften wir sie. Teiresias bestätigte mir auch, was ich schon lange dachte: Poseidons Zorn war nach

der Blendung seines Sohns Polyphem unermesslich. Damit wusste ich, dass es trotz aller Ratschläge schwer werden würde, die Küsten Ithakas wiederzusehen. Teiresias erzählte mir auch von den vielen Freiern, die meinen Hof belagerten.
Es begegneten mir im Schattenreich noch unzählige Gefährten aus dem Krieg, darunter Achilleus und auch Agamemnon, den ich lebend in Troja verabschiedet hatte. Er war bei seiner Heimkehr von Klytemnästra, seiner eigenen Frau, umgebracht worden, aus Rache für das Opfer der Tochter Iphigenie in Aulis.
Ich verließ die finstere Welt, dankbar, mit so vielen Helden aus ferner Zeit gesprochen zu haben, dankbar, lebend wiederzukehren. Dann segelten wir zurück nach Aiaia und begruben Elpenor."

Penelope hatte an dieser Stelle die Augenbrauen gehoben, aber Odysseus konnte sie beruhigen.
„Nicht nur das. Bei unserem neuerlichen Aufenthalt verriet mir Kirke, dass uns zwei weitere Prüfungen erwarteten: die Insel der Sirenen und die Meerenge von Skylla und Charybdis. Und sie verriet auch, wie wir sie überstehen würden. Ich erzählte der Mannschaft nichts davon. Die Männer würden zu gegebener Zeit Anweisungen bekommen. Ich fürchtete, es würde mir sonst niemand folgen."
Eine bleierne Stille hatte sich über uns gelegt. Laertes, der kranke, alte Mann, der so unerschrocken und mit der Kraft eines Jungen gegen die Freier gekämpft hatte, hob die Hand vor die Augen, als könne er seinen Sohn, der all diese schrecklichen Dinge erlebt hatte, nicht ansehen. Eurykleia rannen die Tränen herab, sie wurde von Eumaios getröstet. Allein der Gesichtsausdruck meiner Mutter schwankte zwischen Stolz und Sorge.
Sie kannte meinen Vater wie niemand sonst. Sie wusste, dass er Fürchterliches mitgemacht hatte, aber dass er zugleich ein von Neugier Getriebener war, der bei aller Sehnsucht nach seiner Fa-

milie und Heimat das Abenteuer auch genoss. Was er sicher nie gewollt hatte, war, dass seine Gefährten zu Schaden kamen – und dass sich alles so lange hinzog. Und sie war stolz darauf, dass Odysseus offensichtlich den Göttern Wert genug schien, solchen Prüfungen unterzogen zu werden.

Noch warteten wir auf den Bericht über die letzten Abenteuer seiner Irrfahrt. Sicher, Poseidon musste seine Wut kühlen, und er war der unversöhnlichste Zerstörer. Zeus hingegen war zwar aufbrausend, aber auch bereit, wieder Frieden zu schließen. Penelope konnte sich nicht vorstellen, dass Zeus' Zorn nicht nach einiger Zeit gestillt gewesen wäre – sein Zorn darüber, dass Odysseus und seine Männer den Göttern nicht genug gedankt hatten, als sie Troja verließen. Aber was hatte Athene in all der Zeit getan? Warum hatte sie sich nicht schon früher gegen ihren Vater Zeus durchgesetzt und dem Drama dieser Reise eine Wende gegeben? So wie jetzt, da sie die Heimkehr überhaupt möglich gemacht, mich, Odysseus' Sohn, am Leben gelassen und geholfen hatte, eine Überzahl Freier zu besiegen?

Ich las all diese Gedanken in den Augen meiner Mutter, die im Licht der Honigkerzen wie unergründlicher Bernstein glühten. Ich sah Odysseus, der eine Hand meiner Mutter hielt, die zarte Geste eines rauen, oft grausamen, aber immer scharf denkenden Mannes. In mir begannen sich alle Puzzlestückchen zu fügen, die Geschichten, die mir Laertes erzählt hatte, Menelaos' Bericht vom Krieg, die frühen Worte meiner Mutter. Ich spürte Verwunderung, Furcht, Liebe und Ungläubigkeit und schaute meinem Vater in die Augen.

Unsere Blicke trafen sich, als er einen hohen, süßen Ton anstimmte. Ein merkwürdiger Laut, weich, durchdringend, in einer Melodie, wie ich sie noch nie vernommen hatte. Wir schreckten alle auf. Mal gurgelte die Stimme meines Vaters tief, um dann jäh hochzuspringen in Tonlagen, die kaum ein Ohr hören konnte,

und als könne er zweistimmig singen, gab er Töne von sich, die uns hochrissen – wir wollten ihn umarmen, ganz nah zu ihm. Da verstummte er plötzlich. Wir erstarrten und ließen uns beschämt auf unsere Felle sinken. Was war in uns gefahren? Als mein Vater endlich wieder sprach, hatten wir alle immer noch Gänsehaut.
„So ähnlich, viel reiner, schöner, lockender müsst ihr euch den Gesang der Sirenen vorstellen. Ich kann nur wiedergeben, was sich mir in den Kopf gebrannt hat, als ich geknebelt und an einem Mast gefesselt an den Felsen der Sirenen vorüberfuhr. Zur Vorsicht, wie mir Kirke geraten hatte, hatte ich mich anketten lassen. Die Gefährten hatten ihre Ohren mit Wachs verschlossen und ruderten, was die Riemen hergaben, an der im Dunst funkelnden Insel vorbei. Alle Geräusche, die an mein Ohr drangen, waren so unsäglich schön, irritierend und anziehend, dass ich die Gefährten mit den Augen anflehte, mich zu entfesseln, aber sie hielten stand und banden noch zwei Seile mehr um mich – denn wer weiß, vielleicht hätte ich die Fesseln gesprengt?
Als die Insel unserem Blick entschwunden war, ließen die Männer die Ruder sinken, zogen das Wachs aus den Ohren und banden mich los. Gerade noch rechtzeitig, denn ein Strudel erfasste das Schiff, und wir waren, nachdem wir die Insel der Sirenen passiert hatten, direkt in die Nähe der Meerenge von Skylla und Charybdis geraten. Ich befahl die Männer zurück an die Ruder und wies sie an, Kurs zu nehmen auf Skylla. Ich hatte ihnen nicht verraten, dass Skylla sechs Männer von uns fordern würde. Aber das war immer noch besser, hatte Kirke gesagt, als von Charybdis eingesogen zu werden.
Beide sind Ungeheuer. Skylla, eine ehemals wunderschöne Nymphe, hatte den Zorn Kirkes auf sich gezogen im Streit um einen Mann und war von Kirke in ein sechsköpfiges Ungeheuer mit drei Reihen Zähnen und zwölf Beinen verwandelt worden. So hauste sie in einer Höhle im glatten Felsen und nährte sich von Seehunden,

Delphinen und jedem Schiffer, der an ihr vorbei wollte. Gegenüber, einen Bogenschuss weit entfernt, lag der von einem Feigenbaum gekrönte, kleinere Felsen der Charybdis, einem weiblichen doppelköpfigen Ungeheuer aus einer Verbindung Poseidons mit der Erdengöttin Gaja. Dieses Doppelwesen sog dreimal am Tag das Meerwasser ein und spie es dreimal am Tag aus – das schien mir der sichere Tod zu sein.

Als wir Skylla so weit umschifft hatten, dass wir uns schon sicher wähnten, wieder aufs Meer gespült zu werden, griffen ihre Arme mit fürchterlichem Rauschen aus dem wolkenverhangenen Felsen, und sie holte sich sechs meiner besten Männer, zog sie hoch, ließ sie über dem Abgrund baumeln, und einer nach dem anderen verschwand in einem der Köpfe, aus denen weiße Sägezähne blitzen. Doch ich durfte nicht in Trauer verharren, sondern musste die verzweifelten Gefährten aus der Meerenge lotsen. Sie waren

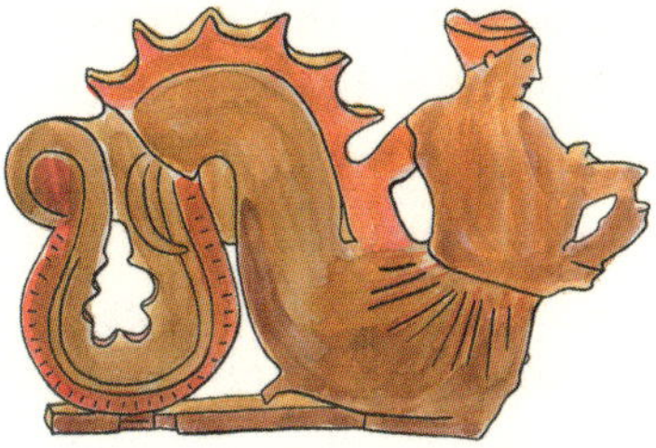

Das schlangenartige Ungeheuer Skylla. Griechisches Relief aus gebranntem Ton

kaum mehr zu beruhigen, wollten das nächste erreichbare Land ansteuern und ruhen. Und so konnte ich nicht verhindern, dass wir entgegen aller Warnung auf Trinakria landeten, wo die göttlichen Herden des Helios weideten.

Schon aus der Ferne konnten wir das Brüllen und Blöken der Tiere hören. Die Insel selbst war traumhaft schön, sanft hügelig, mit hohen, grünen Wiesen, deren Gräser hin und her wogten. Aus ihnen ragten die gefleckten oder wolligen Rücken der Rinder und

Schafe. Hoch und heilig versprachen mir die Männer, nur Kirkes Proviant zu essen und keinem der Tiere etwas zuleide zu tun. Ich ließ mich, schockiert von den Ereignissen, überreden, die Insel anzusteuern. Es war mein Fehler, nachzugeben, eine Schwäche, die ich bitter bereuen sollte.

Wieder einmal hielt uns ein widriger Wind auf dem Eiland gefangen. Nach einem Monat gingen uns die Vorräte aus, und Hunger machte sich breit. Ich flehte die Gefährten an, die Tiere trotzdem in Ruhe zu lassen, und machte mich schließlich auf ins Landesinnere, um die Götter um Wind zu bitten. Doch an meiner Opferstelle überkam mich ein bleierner Schlaf. Als ich wieder aufwachte und zurück zu den Kameraden lief, roch ich schon von Weitem den Bratenduft, sah die von Fett geschwängerte Luft über den zahlreichen Feuerstellen, sah die Kadaver, gehäutet und von Knochen befreit, und sah die Gefährten, denen der Saft aus dem Mund troff, in jeder Hand einen Spieß mit saftigen Fleischstückchen. Ich fing an zu schreien, flehte Zeus an, den Frevel zu verzeihen. Aber Zeus musste Helios versprechen, den Diebstahl zu sühnen. Helios wäre sonst in die Unterwelt verschwunden und hätte nie wieder Sonnenlicht auf die Erde geschickt, wie ich später erfahren sollte.

Das einzige Zeichen, das die Götter jetzt schickten, war Wind. Endlich Wind, mit dem wir weitersegeln konnten. Doch kaum befanden wir uns auf hoher See, war rund um uns nur noch schwarzes Wasser und darüber bald schwarzer Himmel. Plötzlich zuckten ungeheure Blitze; von Zeus eigenhändig geschleudert, traf der erste meinen Steuermann und versengte ihn, der zweite brach das Schiff auseinander und riss die Gefährten in die schaumige Tiefe, wo sie gurgelnd in grüner Unendlichkeit versanken.

Ich band mir aus einem Mastbaum und einem Kielende ein notdürftiges Floß und wurde von Wellen mal hierhin, mal dorthin geworfen. Ich konnte kaum glauben, dass ich allein überlebt hatte, da sah ich, dass mich die Wogen zurück an den Felsen der Charybdis spülten, genau in dem Augenblick, als sie die Wellen einsog. Mein Floß schoss wie von tausend Seilen gezogen auf die grauschwarze Höhle zu. Mit letzter Kraft konnte ich einen herunterhängenden Ast des Feigenbaums greifen, der bis an die Höhlenöffnung reichte. Ich hielt mich dort fest, bis Charybdis mein Floß wieder ausspie, ließ mich, sobald es aus ihrem Maul herausschoss, darauf fallen und ruderte mit Armen und Beinen weg von der Enge des Verderbens, erneut auf das offene Meer hinaus."

War mein Vater ein Lügner? Hatte er alles erfunden? Aber wer hätte solche Phantasie, sich diese Grausamkeiten auszudenken? Vater hatte einen tiefen Schluck Wein genommen und sah Penelope lange an. Sie müsse jetzt tapfer sein, murmelte er, denn nun käme der Teil seiner Irrfahrt, den er sich wahrlich kürzer gewünscht hätte ... Sieben Jahre hatte es gedauert, bis die Götter ein Einsehen mit ihm hatten. Sieben Jahre, die er mit einer anderen Frau verbracht hatte. Mutter senkte den Blick, dann hob sie den Kopf, als wolle sie sagen: Es ist gut. Jetzt bist du da. Das zählt.

Da erkannte ich, dass meine Mutter die perfekte Art zu lieben kannte. Sie verstand alles, machte keine Vorwürfe und wurde dafür belohnt. Ihr Mann war zurückgekommen, um tausend Erfahrungen reicher und mit dem tiefen Willen, hier sein zu wollen. Ich weiß nicht, wen ich in diesem Augenblick mehr bewunderte: meinen getriebenen Vater, der es an Klugheit mit den Göttern aufnahm, oder meine ganz und gar irdische Mutter, die zwanzig Jahre gewartet hatte und nun, sanft wie der Schaum gekochter Aprikosen, alles verzieh.

Auch Odysseus muss diesen Zauber gespürt haben, denn er, der vor keinem Zweikampf zurückgeschreckt war, nahm sich ein Herz und erzählte die Geschichte zu Ende.

„Mehr tot als lebendig trieb ich von Charybdis weg. Die Sonne brannte mir auf den ungeschützten Rücken, ich hatte kein Trinkwasser, rund um mich salzige Unendlichkeit. Irgendwann muss ich ohnmächtig geworden sein. Als ich erwachte, sah ich einen Schleier. Aber es war kein Schleier. Es waren Haare, goldene Haare, die mir die Sicht auf Sonne und Himmel nahmen. Ganz nah an meinen Lippen spürte ich einen Hauch, schließlich hob sich der Schleier, und ein Gesicht wie aus Alabaster zeigte sich. Aus einer Muschel gab die Schöne mir Ambrosia zu trinken und schob mir hellrosa Weintrauben in den Mund. Um das Alabasterwesen

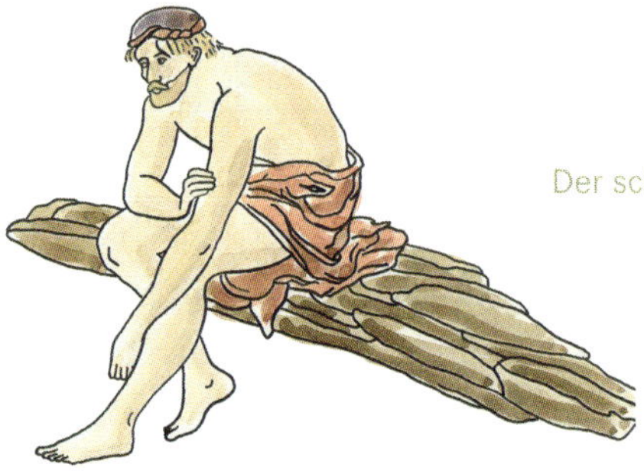

Der schiffbrüchige Odysseus

schwebten viele Mädchen, nur mit Tüchern um die Hüfte bekleidet, die mir Luft zufächelten. Ihr werdet verstehen, dass ein Mensch, der so gelitten hat wie ich, dankbar war. Auf einer Bahre trugen mich die Mädchen in eine Grotte, die in einem Hain aus Pappeln, Zypressen und Weinstöcken lag. Um die Grotte zog sich ein Meer von Veilchen und ahmte den Himmel nach.

Tage später, als ich schon wieder laufen konnte und einiges Fett auf den Rippen hatte, umschlang mich die Alabasterschöne und machte mich trunken mit ihrer gurrenden Stimme. Sie war die göttliche Kalypso, und ihre sagenhafte Insel, auf die es mich gespült hatte, hieß Ogygia. Unsterblich wollte sie mich machen, wenn ich nur bei ihr bliebe. Und was soll ich sagen ... Ich bin ein Mann, ich war voller Trauer um meine Gefährten und hatte die

Hoffnung aufgegeben, je wieder nach Hause zurückzukehren. Sieben Jahre ließ ich mich von Kalypso verwöhnen und wurde dabei immer elender. Saß schließlich nur noch am Ufer des Meeres und weinte Salz in Salz. So wohl ich mich in Kalypsos Nähe fühlte, so sehr wehrte ich mich dagegen, dass sie mich gegen meinen Willen festhielt. Über Jahre lag ich ihr in den Ohren, dass sie mich ziehen lassen sollte, doch ich hatte kein Schiff mehr. Mit bloßen Händen konnte ich kein Floß aus den Pappeln zimmern. Und als ich im siebten Jahr Kalypsos Nähe nicht mehr ertrug und längst unter den Sternen und nicht in ihrer Grotte schlief, hatten die Götter ein Einsehen. War es Athene, die Zeus umgestimmt hatte? Jedenfalls ließ er den Götterboten Hermes auf die Insel kommen. Der brachte fertig, was ich nicht erreicht hatte. Kalypso ließ mich gehen.
Sie stellte mir Werkzeug zur Verfügung, und ich konnte endlich ein Floß bauen. Schweren Herzens entließ sie mich, gab mir aber Proviant mit. Als sie mit ihren Gespielinnen an den Strand kam, um mich zu verabschieden, stieß ich mich vom Ufer ab und habe mich nicht mehr umgeblickt.
Doch Zorn der Götter wäre nicht Götterzorn, wenn er sofort enden würde. Poseidon wollte das letzte Wort haben, und er schob die größten Wellen zusammen, die man sich vorstellen kann. Er wollte nicht verzeihen, und ich läge heute in seinem Reich tief auf dem Meeresgrund, wenn mich nicht abermals eine Frau gerettet hätte – nach Athene, Kirke und Kalypso nun die Meeresgöttin Leukothea, die Mitleid mit mir hatte und, in Gestalt einer Möwe, einen Rettungsschleier über mich warf, der mich vor dem Ertrinken bewahrte und mich an das Ufer der Phäaken trieb. In jenes Land, aus dem ich vor ein paar Tagen hierher gekommen bin.“

Dass dieses Abenteuer gut ausgegangen war, wussten wir. Ein Phäakenschiff hatte Odysseus nach Ithaka gebracht. Doch Odysseus ersparte uns auch diesen letzten Teil der Geschichte nicht.

„Wieder einmal wurde ich mehr tot als lebendig an eine Küste gespült, nackt, denn ich hatte in den Fluten alle Kleider abgeworfen, weil sie mich am Schwimmen hinderten. Wieder erwachte ich in einem fremden Land, und wieder hörte ich die Stimmen junger Frauen ganz in der Nähe. Und als ich, nur notdürftig meine Blöße mit großen Blättern verhüllt, aus dem Gebüsch gekrochen kam, sah ich Mädchen beim Wäschewaschen; eines von ihnen stand ganz nah bei mir. Vielleicht wäre jede andere davongerannt, denn ich muss fürchterlich ausgesehen haben – doch sie war unerschrocken und ..." – Odysseus stockte – „... unendlich schön. Sie sprach mich an, gab mir Kleider und half mir, unerkannt in die Stadt zu gelangen, ja in den Palast zu kommen, denn sie war Nausika, die Tochter von Alkinoos, dem König der Phäaken.
Nausika war nicht nur hilfsbereit wie ihr ganzes Volk, sondern auch freundlich und klug. Und hielt mich nicht fest, obwohl ihr Herz Feuer gefangen hatte. Als ich die ganze Geschichte, die ich euch heute berichtet habe, auch am Hof des Königs Alkinoos erzählt hatte, gab man mir Geleit bis hierher, an die Küste Ithakas. Athene hatte mir geraten, zuallererst zu Eumaios, meinem treuen Hirten, zu gehen, um dort um Hilfe zu bitten. Wer weiß, was geschehen wäre, wenn ich direkt hierher in den Palast gekommen wäre."

Wir rührten uns nicht. Tränen, Schauder, Erleichterung, ein Wechselbad der Gefühle hatte uns in den vergangenen Stunden erfasst. Nun wollten wir nur noch Ruhe. Auch Odysseus schloss die Augen und lehnte sich zurück. Wie befreit wirkte er und ließ sich von Penelope in das Schlafzimmer mit dem Olivenbett führen. Zwanzig Jahre Irrfahrt nahmen da ein Ende, wo sie begonnen hatte: im Palast des Odysseus.

Das Totentuch

Ein Held wird unsterblich

Vieles vom Trojanischen Krieg, das mir Laertes – er starb bald nach Odysseus' Rückkehr – erzählt hatte, habe ich noch einmal aus dem Mund meines Vaters gehört. Vieles wurde mir dabei klarer. Auch hat Odysseus versucht, mir sein Handeln zu erklären. Und vor allem das der Götter.

Die Götter waren auch der Grund, warum mein Vater nach seiner Wiederkehr noch einmal eine Zeitlang fortging, sich zurückzog aufs Festland. Denn eine Rechnung war noch offen: die mit Poseidon, der seinen Willen, Odysseus zu vernichten, nicht hatte durchsetzen können. Bei dem Besuch in der Unterwelt hatte Teiresias meinem Vater einen Rat gegeben, wie er sich mit Poseidon versöhnen könne. Nun war die Zeit gekommen, ihn in die Tat umzusetzen.

Mein Vater segelte allein ans Festland und ging dort, ein Ruder auf den Schultern, ins Landesinnere. Als ihn jemand nach der Ackerschaufel auf seinem Rücken fragte, deutete er das als Zeichen und opferte an dieser Stelle einen Widder, einen Stier und einen Eber für Poseidon. Und der mächtige Poseidon nahm die Opfer an und schloss seinen Frieden mit Odysseus. So schien es.

Odysseus lebte noch lange Seite an Seite mit meiner Mutter Penelope. Eines Tages mussten wir einen Überfall auf Ithaka abwehren. Mein Vater, immer noch stattlich trotz seines Greisenalters, lief zum Strand und wurde dort von einem fehlgeleiteten Speer getroffen. Geworfen hatte ihn Telegonos, der Sohn der Kirke. Kirke hatte ihn ausgeschickt, seinen Vater zu suchen, der niemand anderes als Odysseus selbst war.

Die Spitze des Speers stammte von einem Stachelrochen, dessen Gift meinen großen, immer von Unruhe bewegten Vater lähmte und ihm schließlich das Leben nahm.
Telegonos war untröstlich, als wir erkannt hatten, dass er seinen eigenen Vater getötet hatte und wir Brüder waren. Gemeinsam haben wir Odysseus begraben, nahe dem Meer, über dem sich an diesem Tag sanfte Nebel gebildet hatten, die milchig die unergründlichen Weiten Poseidons wie jenes Totentuch bedeckten, das Penelope nun doch, Jahre später, über ihren Mann breiten musste.
Ein Ende und doch keines, denn die Götter hatten meinen Vater durch all ihre Prüfungen unsterblich gemacht.

Chronik

um 1200 v. Chr.

Beginn von Völkerwanderungen in Griechenland und Kleinasien, in deren Verlauf die alte „mykenische" Kultur Griechenlands zerstört wird. Die Krieger in Griechenland und in Kleinasien kämpften wie in der *Ilias* vor allem mit Streitwagen. Die *Ilias* kündet von Kriegshandlungen, die wahrscheinlich im 12. Jahrhundert vor Christus stattgefunden haben.

12. bis 9. Jahrhundert v. Chr.

In dieser schriftlosen Zeit müssen die später von Homer zusammengefassten Heldenlieder entstanden sein, die durch Sänger an den Höfen der Mächtigen vorgetragen wurden.

vor 800 v. Chr.

Die Griechen beginnen als Seefahrer Handel im Mittelmeer zu treiben. Die Geschichten von Odysseus schildern auch die Abenteuer der frühen griechischen Seefahrt. Griechische Händler bringen in dieser Zeit aus Vorderasien die Kenntnis der Alphabetschrift mit.

8. Jahrhundert v. Chr.

Die dem sagenhaften Dichter Homer zugeschriebenen Epen *Ilias* und *Odyssee* entstehen in der bis heute bekannten Form; die *Odyssee* wahrscheinlich etwa fünfzig Jahre nach der *Ilias*. Seit dieser Zeit sind die homerischen Epen schriftlich überliefert.

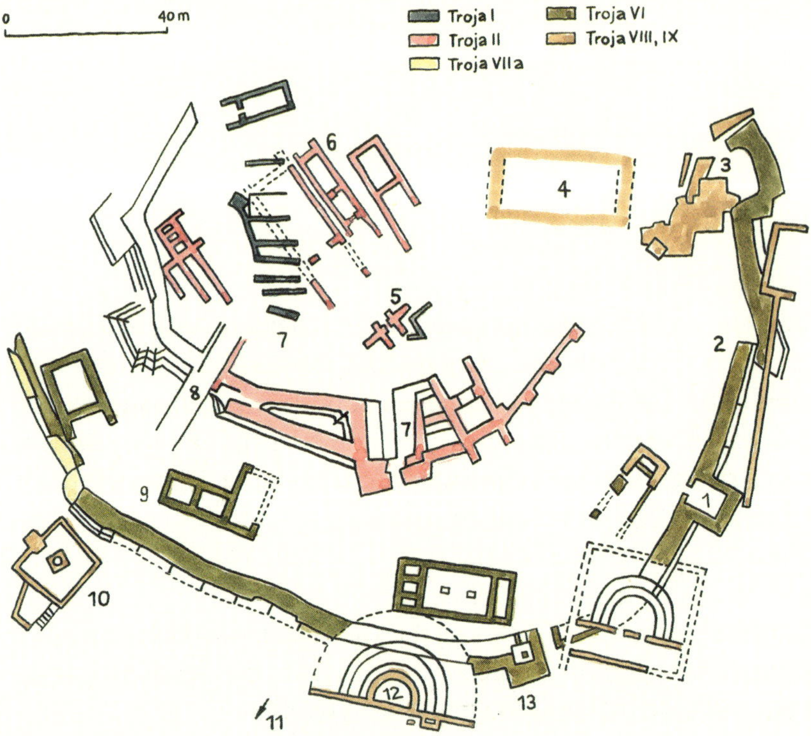

Die Ausgrabungen von Troja. Die oliv eingefärbten Mauerreste könnten zur Burg des Priamos gehört haben, die rot und grün gefärbten sind noch älter. 1) Turm, 2) Osttor, 3) Brunnen, 4) Gebäude aus einer späteren Überbauung, 5) Hof, 6) Palast, 7) Reste der ältesten Bebauung, 8) Rampe, 9) Gebäudekomplex mit unbekannter Bedeutung, 10) Gebäude aus der späteren Antike

5. bis 3. Jahrhundert v. Chr.

In der kulturellen Blütezeit der griechischen Klassik sind *Ilias* und *Odyssee* Schulstoff. Griechische Dichter schmücken die homerischen Stoffe weiter aus, und Gelehrte untersuchen die alten Texte Homers.

1. Jahrhundert n. Chr.

Die Römer haben *Ilias* und *Odyssee* ins Lateinische übersetzt, und der Dichter Vergil schreibt nach dem Vorbild die *Äneis*, das Epos des trojanischen Helden Äneas.

19. Jahrhundert

Ilias und *Odyssee* werden in die modernen europäischen Sprachen, auch ins Deutsche, übersetzt.
Der Amateur-Archäologe Heinrich Schliemann vermutet aufgrund der Angaben Homers und der antiken Überlieferung, dass die Stadt Troja (auch: Ilion, Ilios, lateinisch: Ilium) im nordwestlichen Kleinasien gelegen haben muss, und beginnt in dem Ruinenhügel von Hissarlik in der heutigen Türkei zu graben. Er stößt auf mehrere Schichten von städtischen Siedlungen, von denen die älteste aus den Jahren um 2900-2500 v. Chr. stammt.

Gegenwart

Die in der Schicht VIIa von Hissarlik begrabene Ruine einer um 1200 v. Chr. zerstörten Stadt gilt heute für die meisten Forscher als das homerische Troja, beweisbar ist das allerdings bisher nicht. Spuren, die auf einen Krieg in der Zeit nach 1200 v. Chr. hinweisen, sind auch in archäologischen Stätten an der Südküste Kleinasiens aufgetaucht.
Es ist also nicht erwiesen, wo genau der Trojanische Krieg stattgefunden hat, und auch wann er sich genau ereignet hat, ist ungewiss. Homer berichtet in seiner *Ilias* über die letzten 51 Tage eines zehn Jahre währenden Krieges, doch ist bis heute umstritten, ob der Dichter nicht vielleicht mehrere kriegerische Ereignisse zusammengefasst hat, die sich zwischen 1300 und 800 v. Chr. zugetragen haben könnten.

Woher wir von Odysseus wissen

Hinweise auf Leben und Wesen des großen, unerschrockenen Griechen Odysseus finden wir vor allem in den zwei ältesten Heldenepen der Welt: in der *Ilias* und der *Odyssee*, wahrscheinlich aufgeschrieben von einem griechischen Dichter namens Homer, wahrscheinlich im 8. Jahrhundert vor Christus. Wahrscheinlich wurden diese Geschichten vorher schon seit Jahrhunderten mündlich überliefert – bis ein oder auch mehrere Menschen den Entschluss fassten, sie so aufzuschreiben, wie man sie heute in neueren oder älteren Übersetzungen nachlesen kann.

Wer einmal angefangen hat, sich in das seltsame Versmaß der *Ilias* und der *Odyssee* zu vertiefen, wird irgendwann nicht mehr aufhören können, diese wortgewaltige Abenteuergeschichte zu lesen – auch wenn es insgesamt 28 000 Verse auf etwa 1 000 Seiten sind.

Forscher gehen heute davon aus, dass es wahrscheinlich nicht Homer allein war, der beide Werke geschrieben hat. Der deutlich herauslesbare zeitliche Abstand, in dem sie verfasst wurden, lässt darauf schließen, dass die *Ilias* und die *Odyssee* verschiedene Autoren haben könnten.

Die *Ilias*, das älteste erhaltene Großepos der europäischen Literatur, umfasst etwa 16 000 Verse und handelt von den letzten 51 Tagen der zehn Jahre dauernden Belagerung Trojas. Die *Odyssee* (12 000 Verse) ist der Bericht der zehnjährigen Irrfahrt Odysseus'. Ein eigener Teil darin ist die *Telemachie*, in der beschrieben wird,

Homer, wie er im Altertum dargestellt wurde

wie sich Telemachos, Odysseus' Sohn, aus eigenen Stücken auf die Suche nach seinem Vater macht.

Andere antike griechische Schriftsteller wie Euripides, Aischylos und Sophokles haben aus der *Ilias* und der *Odyssee* später eigene Theaterstücke entwickelt.

Aischylos (525–456 v. Ch.), der selbst in einer Schlacht des griechischen Heeres mitgekämpft hatte, ist der Begründer der Tragödie als literarische Form. In seinen Stücken steht der Allmacht der Götter der Mensch gegenüber, der von der göttlichen Gerechtigkeit überzeugt ist. Menschen, die sich gegen die Götter auflehnen, werden bestraft. Von den neunzig Tragödien des Aischylos sind nur mehr sieben erhalten, darunter *Agamemnon*, in der es auch um die Ereignisse in Troja geht. Der griechische Dichter Sophokles (496–405 v. Chr.) schuf zahlreiche Theaterstücke, von denen einige ebenfalls Geschehnisse aus dem Trojanischen Krieg behandeln.

Der Athener Tragödienautor Euripides (480–406 v. Chr.) schrieb 92 Dramen, von denen einige vollständig erhalten sind und bis heute auf den Theaterbühnen der Welt gespielt werden. Unter seinen Stücken finden sich ebenfalls solche, die die Geschehnisse um den Trojanischen Krieg zum Inhalt haben: *Die Troerinnen, Iphigenie bei den Tauriern, Der Kyklop, Iphigenie in Aulis.*

Wer noch mehr über die Welt der griechischen Mythen wissen möchte, kann sich die wunderbaren Nacherzählungen von Dimiter Inkiow als Hörbuch zulegen oder Bernard Evslins *Götter, Helden, Ungeheuer.* Ein ganz besonderes Buch ist die Neubearbeitung der *Ilias* durch Raoul Schrott, der auch ein ganzes Buch zu den Hintergründen des Trojanischen Kriegs verfasst hat.

Die wichtigsten Götter und Helden

Achilleus Sohn des Königs Peleus und der Göttin Thetis, Heerführer der griechischen Helden

Agamemnon König in Mykene, Bruder des Menelaos. In der *Ilias* führt er die Griechen gegen Troja. Nach dem Trojanischen Krieg kehrt er in seine Heimat zurück und wird von seiner Gattin Klytämnestra getötet.

Aias, telamonischer Sohn des Telamon, auch Aias der Große genannt, einer der Heerführer gegen Troja. Er wird wahnsinnig, als man nicht ihm, sondern Odysseus die Rüstung des Achilleus zugespricht.

Aias aus Lokris Genannt der Lokrer oder Aias der Kleine, kommt auf der Rückfahrt von Troja um, weil er Unrecht gegen Kassandra begangen hat

Antenor Einer der weisen Alten, die König Priamos von Troja beraten. Als Odysseus und Menelaos die Rückgabe Helenas fordern, gewährt er ihnen in seinem Haus Schutz.

Antikleia Mutter von Odysseus, verheiratet mit Laertes, dem Vater Odysseus'. Sie stirbt vor Gram während Odysseus zwanzigjähriger Abwesenheit, begegnet aber ihrem Sohn noch einmal in der Unterwelt.

Aphrodite Griechische Göttin der Liebe, Tochter des Zeus und der Dione, eine der zwölf großen olympischen Gottheiten

Apollon Sohn des Zeus und der Leto, einer der der zwölf Hauptgötter des Olymp. Er ist der Gott der Weissagung, der Künste, vor allem der Musik, und des Bogenschießens und steht den ganzen Trojanischen Krieg lang auf Seiten der Troer. Apollon schickt eine Seuche über die Griechen, als deren Führer Agamemnon die Priestertochter Briseis geraubt hat. Er lenkt den Pfeil des Paris, der Achilleus tötet.

Ares Gott des Krieges, Sohn des Zeus und der Hera

Athene Tochter des Zeus, ebenfalls eine der zwölf Olympier. Schutzgöttin des Kriegs, der Weisheit und der Künste; als Stadtgottheit sind ihr zahllose Tempel errichtet und geweiht. Vielen Helden leistet sie Beistand, so auch Odysseus und dem griechischen Heer, das sie während des ganzen Trojanischen Kriegs unterstützt.

Autolykos Sohn des Hermes, des Gottes der Diebe, selbst ein Dieb und Lügner, Vater von Antikleia, der Mutter von Odysseus. Autolykos bestiehlt sogar den schlauen Sisyphos, der aus Rache Antikleia verführt.

Briseis Achilleus raubt Briseis während des Trojanischen Kriegs und nimmt sie zur Geliebten, muss sie jedoch später Agamemnon überlassen.

Charybdis Ein furchtbarer Strudel in der Straße von Messina, erschaffen von Meeresgott Poseidon und der Erdengöttin Gaia.

Chiron Ein Kentaur, Sohn des Kronos und der Philyra, halb Pferd, halb Mann. Im Gegensatz zu anderen Kentauren ist er freundlich und weise und erzieht viele griechische Helden, so auch Achilleus.

Chryseis Tochter des Apollon-Priesters Chryses von der Insel Chryse bei Troja. Agamenon entführt sie und macht sie zu seiner Geliebten.

Diomedes König von Argos, engster Freund von Odysseus. Er steht unter dem Schutz der Athene, die ihn nach dem Krieg auch sicher heimkehren lässt.

Eris Göttin, Tochter der Nacht, ihr Name bedeutet Zwist und Streit. Uneingeladen erscheint sie bei der Hochzeit von Thetis und Peleus und wirft den goldenen Apfel mit der Inschrift „Der Schönsten".

Helena Tochter des Zeus und der Leda, Gattin des Menelaos. Sie ist das Geschenk Aphrodites an Paris, nachdem er sie zur Schönsten gewählt hat. Entführt von Paris, lebt sie während des Trojanischen Kriegs im Palast der Troer. Nach dem Krieg kehrt sie mit ihrem Gatten Menelaos nach Mykene zurück.

Hektor Sohn des Königs Priamos und seiner Frau Hekabe

Hera Gattin und Schwester des Zeus, „Bewahrerin des Himmels", sie streitet mit Aphrodite und Athene um den Titel der Schönsten

Hermes Sohn des Zeus und der Maja, Götterbote, Schutzgott der Reisenden und Diebe. Er kann Kalypso überreden, Odysseus nach sieben Jahren auf ihrer Insel endlich in seine Heimat zu entlassen.

Iphigenie Tochter von Agamemnon und Klytämnestra. Agamemnon will sie auf den Rat des Sehers Kalchas hin opfern.

Kalypso Göttin oder Nymphe, lebt auf der sagenhaften Insel Ogygia, auf der Odysseus während seiner Irrfahrten strandet und von der sie ihn erst nach sieben Jahren wieder ziehen lässt

Kassandra Tochter des König Priamos und der Hekabe. Aus verschmähter Liebe rächte sich Apollon an ihr – er verflucht ihre prophetischen Fähigkeiten, und ihr wird nicht mehr geglaubt. Sie wird zur Sklavin Agamemnons und wie er von seiner Frau Klytämnestra umgebracht, ganz wie sie selbst vorausgesagt hat.

Kirke Die Tochter des Sonnengotts Helios ist eine mächtige Zauberin, die auf der Insel Aiaia lebt und ihre Feinde in Tiere verwandelt.

Klytämnestra Gattin des Agamemnon, Schwester der Helena, rächt sich nach der Rückkehr ihres Gatten aus dem Krieg blutig für die Opferung ihrer Tochter Iphigenie

Laertes Vater des Odysseus, überlässt seinem Sohn noch zu Lebzeiten die Herrschaft über Ithaka. Während der zwanzig Jahre Abwesenheit Odysseus' lebt er als Einsiedler.

Laokoon Poseidonpriester der Troer, er warnt die Troer davor, dem Geschenk der Griechen, dem hölzernen Pferd, zu trauen. Er und seine beiden Söhne werden von zwei Seeschlangen umgebracht.

Menelaos König von Sparta, Bruder des Agamemnon, Gatte von Helena. Im Trojanischen Krieg tritt er nicht als großer Kämpfer hervor; auch den Zweikampf gegen Paris kann er nicht gewinnen, da Aphrodite schützend ihre Hand über Paris hält.

Nausika Tochter des Phäakenkönigs Antinoos. Sie hilft Odysseus, als er an die Küste des Phäakenlands gespült wird, nachdem ihn Kalypso endlich freigelassen hat.

Neoptolemos Sohn des Achilleus. Nachdem sein Vater getötet worden ist, kann nur Neoptolemos die Wende herbeiführen. Er kämpft unermüdlich und tötet den troischen König Priamos.

Oinone Nymphe am Berg Ida, Paris' Frau, bevor dieser weiß, dass er ein troischer Königssohn ist

Palamedes Gefolgsmann des Agamemnon, der mit diesem gegen Troja zieht. Er soll zahlreiche Würfelspiele erfunden haben. Als Odysseus sich mit einer List der Beteiligung am Trojanischen Krieg entziehen will, ist es Palamedes, der ihn entlarvt.

Paris Sohn des Königs Priamos und seiner Frau Hekabe, der auf dem Berg Ida ausgesetzt und von einem Hirten großgezogen wird, Schiedsrichter im Streit zwischen Hera, Athene und Aphrodite. Er entführt mit Aphrodites Hilfe die schöne Helena und entfacht damit den Trojanischen Krieg.

Penelope Tochter des Königs Ikarios von Sparta. Odysseus bekommt sie durch seinen Ratschlag bei der Gattenwahl von Helena als Frau zugesprochen. Ihre Geduld und Liebe sind sprichwörtlich, weil sie unbeirrt zwanzig Jahre auf die Rückkehr ihres Mannes wartet.

Philoktetes Bogenschütze in Odysseus' Heer. Bei der Fahrt nach Troja wird er durch den Biss einer Seeschlange so schwer verletzt, dass Odysseus ihn zurücklässt; er muss ihn aber später holen und heilen lassen, um den Krieg zu gewinnen.

Polyphem Kyklop und Sohn des Meeresgottes Poseidon. Er verspeist zahlreiche Gefährten von Odysseus, bis es diesem gelingt, ihn zu blenden und von seiner Insel zu fliehen.

Poseidon Meeresgott, steht während des Kriegs auf Seiten der Griechen. Nachdem Odysseus seinen Sohn Polyphem geblendet hat, rächt er sich mit zahllosen Prüfungen an ihm.

Priamos König von Troja, der im Kampf um Troja fast alle seine Söhne verliert

Sisyphos Seine Schlauheit, Gerissenheit und Klugheit sind legendär. Hartnäckig hält sich das Gerücht, dass Odysseus eigentlich Sisyphos' Sohn ist. Selbst die Götter der Unterwelt narrt Sisyphos und kann nach seinem Tod wieder unter die Lebenden zurückkehren. Als Strafe muss er nach seinem erneuten Tod unablässig einen Stein auf einen Berg rollen.

Skylla Ehemals eine wunderschöne Nymphe, von der Zauberin Kirke aus Eifersucht in ein vielköpfiges, sehr hässliches und gefräßiges Ungeheuer verwandelt

Telegonos Sohn des Odysseus und der Kirke. Er tötet Odysseus versehentlich mit einem vergifteten Pfeil.

Zeus Oberster Herrscher der griechischen Götter

Wichtige Namen und Begriffe

Ambrosia In der griechischen Mythologie der Trank, der den Göttern Unsterblichkeit verleiht

Atrium Innenhof

Aulis Ort südlich von Chalkis. Im Trojanischen Krieg soll sich hier die griechische Flotte gesammelt haben.

Dezennie Jahrzehnt

Dionysische Spiele Ausschweifende kultische Feste, die zweimal im Jahr stattfanden, um den Gott der Fruchtbarkeit, des Weins und der Ekstase, Dionysos, zu ehren

Eremitei/Eremit Einsiedelei; Ort, an dem der Eremit lebt (von griechisch *eremos*: einsam)

Fibel Spangenähnlicher Verschluss eines Kleidungsstückes

Hellenisches Reich Das Siedlungsgebiet aller griechisch sprechenden Völker

Herold Boten, die Nachrichten von Heerführern oder Königen übermittelten

Immunität Unverletzbarkeit

Kardieren/kardiert Das gleichmäßige Ausrichten loser Wollvliese vor dem Spinnen

Kentaur Pferdemensch mit Kopf und Schultern eines Mannes und dem Körper eines Pferdes

Knappe Dienender eines Ritters, Fürsten, Soldaten

Kythera Insel vor der Südspitze des Peloponnes

Landrecht Sammlung gültiger Rechtsverordnungen, Bräuche und Gesetze in einem Land

Lakedaimon Sohn des Zeus sowie die nach ihm benannte Landschaft

Losung Ausscheidungen von Tieren

Macchia Kurzes, dichtes, immergrünes Hartlaub in Südeuropa

Messenien Landstrich an der Westküste Kleinasiens, in der Antike von Nestor regiert

Nymphe In der griechischen Mythologie sind Nymphen niedere weibliche Gottheiten, häufig Begleiterinnen höherer Götter. Sie verkörpern Naturkräfte.

Olymp/Olympier Spiritueller Aufenthaltsort der griechischen Götter, insbesondere der zwölf Hauptgötter, der Olympier

Orakel Göttliche Offenbarung, auch die Stätte (meist ein Tempel), an der diese Offenbarung empfangen wird

Palladion Heiliges hölzernes Standbild im Athenetempel

Parnass 2 455 Meter hoher Berg in Zentralgriechenland, an dessen Fuß die Stadt Delphi liegt. Der Parnass ist dem Gott der Künste, Apollon, geweiht und gilt als Heimat der Musen.

Peloponnes Halbinsel im Süden Griechenlands

Schabracke Pferdedecke

Schattenreich Ort der Toten, Unterwelt

Seher In der Antike hoch angesehene Menschen, die in die Zukunft blicken konnten. Priester und Könige suchten bei ihnen Rat.

Sparta Antiker Stadtstaat im Süden des Peloponnes

Styx Fluss der Unterwelt

Thessalien Region an der Ostküste Griechenlands

Thrakien In der Antike das von den Thrakern bewohnte Gebiet auf dem Balkan, in Nordgriechenland und in Kleinasien

Totentuch Die Griechen begruben ihre Toten häufig in einem für diesen Anlass gewebten großen Tuch.

Bildquellen
AKG: S. 49, 73, 79, 92; privat: S. 52, 57
Karte S. 88 nach H. H. und A. Wolf

Litho: up designers berlin-wien und Sepp Barske
Satz: up designers berlin-wien
Satz aus der Minion, der CorporateS und der Hammer Unziale
Druck und Bindung: CPI, Ulm
Printed in Germany

ISBN 978-3-941087-16-3

www.jacobystuart.de

Wer war ...?

Kinder brauchen Vorbilder, und deshalb haben sie sich schon immer für die großen Gestalten der Geschichte interessiert. Aber sie sollen auch wissen, dass keiner dieser Helden und keine dieser Heldinnen vollkommen war.
Durch spannend geschriebene Biographien, die gleichwohl auch kritisch sind, lernen Kinder, dass jeder Mensch sich immer wieder neu entscheiden muss, das Richtige zu tun. Und sie lernen die Epochen der Geschichte über die Menschen viel besser kennen als über irgendeine unpersönliche Darstellung. Sie lernen, wie die Menschen in den verschiedenen Epochen gelebt, geliebt, gearbeitet und gekämpft haben.

Edmund Jacoby

Wer war König Artus?

»Edmund Jacoby, ein ausgewiesener Artus-Freund, hat sich dieses Sujets nun neuerlich angenommen. Wer war König Artus? ist eine Handreichung, die auf 88 Seiten knapp und klar eine Lesart der Sage vorlegt, orientiert vor allem an Thomas Malory.«
Tilman Spreckelsen, Frankfurter Allgemeine Zeitung

96 Seiten, ISBN 978-3-941087-09-5

Nina Schindler

Wer war Karl May?

»Nina Schindler hat über den sächsischen Phantasten ein sorgfältig gemachtes Buch für junge Leute herausgebracht. Sie berichtet erfreulich leichtfüßig vom ›Leben und Streben‹ des begabten Knaben Karl aus dürftigsten Verhältnissen.«
Harald Eggebrecht, Süddeutsche Zeitung

112 Seiten, ISBN 978-3-941087-10-1

Kirsten John

Wer war Klaus Störtebeker?

»Captain Kidd oder Henry Morgan – diese Namen werden genannt, wenn es um bekannte Piraten geht. Dabei haben wir in Deutschland durchaus auch einen berühmten Seeräuber zu bieten: Klaus Störtebeker. Kirsten John und Stefanie Roth begeben sich in ihrem neuen Buch auf die Spur des Seeräubers und seiner Geschichte.«
Coburger Tageblatt

112 Seiten, ISBN 978-3-941087-13-2

Barbara Sichtermann

Wer war Sophie Scholl?

»Barbara Sichtermann hat eine Art über Sophie Scholl zu schreiben, die direkt auf die Person hinführt, es wird nicht episch, das heißt, es wird nicht das, was Schüler so hassen. Man muss sich durch diesen Text überhaupt nicht durchquälen, man ist sofort drin.«

Roswitha Budeus-Budde, Süddeutsche Zeitung

128 Seiten, ISBN 978-3-941087-11-8

Werner Färber

Wer war Florence Nightingale?

Florence Nightingale will keine brave Ehefrau werden, sondern selbst entscheiden, was sie aus ihrem Leben macht – und das Mitte des 19. Jahrhunderts. Eindringlich schildert Werner Färber, wie ein engagiertes Mädchen, das sich dazu berufen fühlt, Armen zu helfen und Kranke zu heilen, zur weltberühmten Pionierin der modernen Krankenpflege wird.

112 Seiten, ISBN 978-3-941087-19-4

Ulrike Gerold / Wolfram Hänel

Wer war Robin Hood?

Robin Hood und seine Gefährten nahmen den Reichen und gaben den Armen. Und sie brachen das Recht, weil sie die Gerechtigkeit liebten. Ulrike Gerold und Wolfram Hänel erzählen das abenteuerliche Leben des englischen Volkshelden unterhaltsam nach und erklären nebenher, was davon historisch verbürgt ist und was ins Reich der Legende gehört.

112 Seiten, ISBN 978-3-941087-28-6

Kirsten John

Wer war Arminius?

Vor 2000 Jahren, im Jahre 9 n. Chr., brachten germanische Stammeskrieger unter ihrem Anführer Arminius den sieggewohnten römischen Legionären eine vernichtende Niederlage bei. Aber wer war Arminius, und wie haben die Germanen damals gelebt? Kirsten John schildert das Leben des Cheruskerfürsten spannend und romanhaft, aber immer aufgrund der historischen Fakten.

112 Seiten, ISBN 978-3-941087-25-5